［第3版］

現代日本の教育を考える

―― 理念と現実 ――

岩本　俊郎
浪本　勝年
編著

北樹出版

執筆者・担当一覧 （執筆順） ＊は編者　　　　　　　　　　　（2016年4月1日現在）

岩本　俊郎＊	（立正大学教授）	第1章1節・2節・第2章3節
浪本　勝年＊	（日本教育法学会理事）	第4章1節・3節3
岩本　俊一	（法政大学非常勤講師）	第1章3節・第5章1節1
樋口　直宏	（筑波大学教授）	第2章1節
田口久美子	（和洋女子大学教授）	第2章2節
大島　英樹	（立正大学教授）	第3章1節・3節
廣田　健	（北海道教育大学教授）	第3章2節
佐伯　知美	（元国際教養大学助教）	第4章2節
深見　匡	（高崎健康福祉大学講師）	第4章3節1
片山　勝茂	（東京大学准教授）	第4章3節2
山口　裕貴	（桜美林大学講師）	第5章1節2
臧　俐	（東海大学短期大学部准教授）	第5章2節
石本　祐二	（立正大学非常勤講師）	参考文献・資料及び索引
海老沢隼悟	（元立正大学非常勤講師）	参考文献・資料及び索引

第 3 版刊行にあたって

本書改訂版が刊行されたのは、6 年前の 2010 年のことである。

教育困難ともいうべき深刻な事態を一向に克服することができない日本の学校教育は、改訂版刊行後に制定された「いじめ防止対策推進法」の公布（2013年 6 月 28 日）や小・中学校における「道徳」を新たに「特別の教科」とした学習指導要領の一部改訂（2015 年 3 月 27 日告示公示、2018 年 4 月 1 日施行）等の諸政策のなかで、かえって日本の教師はいっそう困難な課題を抱えることになったといっても過言ではない。

そこでこのたび、学校と子どもにかかわるこうした政策の新たな展開を踏まえ、これらの諸問題をはじめとする現代日本の教育についてさらに論究するために、必要最小限の加除修正を行い、第 3 版として刊行することとした。

読者諸賢には、改訂版にもましてご活用いただき、日本の学校教育の在り方を深く考える一助とされることを切に願う次第である。

2016 年 3 月 1 日

編　者　識

はしがき

　現代日本の教育の起点は、第二次世界大戦後のいわゆる憲法・教育基本法体制の出発に求められる。

　憲法・教育基本法体制は、勅令主義、命令主義をその本質とした教育勅語体制を根本的に批判し、教育の自立を宣言してこれを保障しようとするものであった。戦後教育改革期の学習指導要領が試案とされたことは、そのことを最も具体的に物語っている。それはあるべき学校教育を教師と子どもの創造的活動の展開に求めたことを示しているからである。われわれはまさにこの点に教育における自立の原点を見出すことができるのである。憲法・教育基本法体制は、その掲げる教育的理想が教育の自立なくしてその実現を見ることが困難であるとしたのであり、教育における民主主義もこれに立脚するのである。

　しかし、教育の本質に根ざすその理想がいわゆる教育基本法体制の空洞化政策の進行とともにはるか後方に追いやられ、ついにはまさにこの教育基本法が国民多くの強い反対を押し切って改正されるに至ったことは周知の通りである。強化の一途を辿る能力主義・管理主義的教育政策が子どもと教師双方の権利を剝奪する点で、それが戦後日本における教育の民主化政策の精神と無縁であることは改めて指摘するに及ばない。国際学習到達度調査（PISA）結果に明らかな日本の子どもの成績不振や国連・子どもの権利委員会が日本政府にその早急の改善を勧告した教育における過度なまでの競争主義などはそうした空洞化政策が生み出している教育的矛盾のさらなる深まりを反映するものといってよいであろう。

　本書は、こうした現実を踏まえて問題意識を共有する者が学校教育を中心とする基本問題についてそれぞれ論じたものである。読者諸賢が本書を通じてあるべき日本の教育を考えるための指針をいささかなりとも得ていただければ、編者としてこのうえない喜びである。

　　2007年3月　　　　　　　　　　　　　　　　　　　　　　編　者　識

目　　次

第1章　教育の思想と教育学 ………………………………………… 8

　第1節　教育の根底をなすもの ………………………………… 8

　　　1　教育論について　（8）

　　　2　教育的関係について　（11）

　　　3　教育的関係の創造的構築　（14）

　第2節　近代の教育思想と教育学 ………………………………16

　　　1　教育学成立の前提　（16）

　　　2　近代の教育思想　（17）

　　　3　教育学の成立　（20）

　　　4　ヘルバルト教育学への批判　（22）

　第3節　現代日本の教育——能力主義をめぐる問題—— …………………24

　　　1　現代日本の教育現実　（24）

　　　2　中教審における「教育改革」の思想　（26）

　　　3　教育における能力主義の克服を求めて　（31）

第2章　学校教育の基本問題 …………………………………………33

　第1節　教育課程の編成と方法をめぐる問題………………………33

　　　1　教育課程の概念　（33）

　　　2　教育課程編成の主体　（34）

　　　3　学習指導要領と地域独自の教育課程　（36）

　　　4　個性化、特色化と共同性　（38）

　第2節　学力と評価をめぐる問題 ………………………………40

　　　1　学力とは何か　（40）

　　　2　教育評価とは何か　（41）

　　　3　学力と評価をめぐる現代の問題　（45）

第 3 節　道徳教育をめぐる問題 ……………………………………………50

　　　1　問題の所在　(50)

　　　2　戦後教育改革期の道徳教育　(51)

　　　3　「道徳」の特設から「道徳」の教科化へ　(54)

第 3 章　生涯教育の基本問題 ………………………………………………57

　第 1 節　生涯発達と教育 ……………………………………………………57

　　　1　子どもの発見を通じて大人の再発見へ　(57)

　　　2　中高年期への関心の増大　(58)

　　　3　生涯発達心理学の提唱　(60)

　　　4　生涯教育・生涯学習へ　(61)

　第 2 節　社会教育をめぐる現代的問題——指定管理者制度 ………………63

　　　1　指定管理者制度の趣旨と目的　(63)

　　　2　指定管理者制度の現状と課題　(63)

　　　3　社会教育をとりまく文化的状況の変容のおそれ　(65)

　　　4　指定管理者制度の可能性　(66)

　第 3 節　社会教育（生涯教育）の実践 ……………………………………67

　　　1　社会教育実践小史　(67)

　　　2　社会教育行政の変容　(69)

　　　3　成人教育者への期待　(70)

第 4 章　教育政策の基本問題 ………………………………………………72

　第 1 節　戦後初期の教育政策 ………………………………………………72

　　　1　否定的措置の段階——1945年　(72)

　　　2　積極的措置の段階——1946年　(73)

　　　3　憲法・教育基本法制の成立——1947年〜1949年　(73)

　第 2 節　戦後教育政策の背景と展開 ………………………………………74

　　　1　朝鮮戦争と日本における再軍備の進行　(74)

2　政党や実業界・産業界の教育介入　(75)

　　3　地方教育行政の中央集権化　(75)

　　4　教育内容に対する国家統制の強化　(76)

　　5　臨教審答申以降の教育政策　(79)

　第3節　今日（現代）の教育政策　……………………………………80

　　1　学校選択制をめぐる問題　(80)

　　2　市民性育成の教育をめぐる問題　(85)

　　3　新教育基本法とそれをめぐる教育政策　(90)

第5章　教員養成の基本問題　…………………………………………98

　第1節　開放制教員養成の出発とその後の展開…………………………98

　　1　戦前への反省と批判　(98)

　　2　開放制原則の確立とその後の空洞化　(102)

　第2節　教員の「資質」向上を求めて　………………………………109

　　1　教員の力量とは　(109)

　　2　教員の「資質」向上を求めて──審議会答申・法改正を中心に　(110)

　　3　教員の力量向上をめざして──国際勧告の視点　(116)

Ⅰ　**基本的資料**　①　教育ニ関スル勅語〔教育勅語〕(117)

　　　　　　　　②　教育勅語等排除に関する決議　(117)

　　　　　　　　③　日本国憲法　(117)

　　　　　　　　④　教育基本法の比較対照表─現行2006年法と旧1947年法　(118)

　　　　　　　　⑤　国連・児童の権利に関する条約〔子どもの権利に関する条約〕(120)

　　　　　　　　⑥　最高裁判所学力テスト大法廷判決　(120)

　　　　　　　　⑦　東京地方裁判所　国歌斉唱義務不存在確認等請求事件判決　(120)

　　　　　　　　⑧　教育再生会議第一次報告「社会総がかりで教育再生を」(121)

　　　　　　　　⑨　中央教育審議会「教育基本法の改正を受けて緊急に必要とされる
　　　　　　　　　　教育制度の改正について」(121)

　　　　　　　　⑩　中央教育審議会「道徳に係る教育課程の改善等について」(123)

　　　　　　　　⑪　中央教育審議会「子供の発達や学習者の意欲・能力等に応じた柔軟か
　　　　　　　　　　つ効果的な教育システムの構築について」(123)

⑫ 文部科学省初等中等教育局長「高等学校等における政治的教養の教育と高等学校等の生徒による政治的活動等について」(125)

Ⅱ **参考文献**（128）

索引 （130）

現代日本の教育を考える

──理念と現実──

第1章 教育の思想と教育学

第1節 教育の根底をなすもの

1 教育論について

　今日のわが国には、教育学に関する専門的見地からの論及はいうに及ばず、国民一般によるものまでをも含めて、実に多種多様な「教育」論が展開されている。そのような意味からすれば、わが国はまさに「教育」論百家争鳴あるいは国民総教育評論家の時代ともいうべき状況を呈しているといっても決して過言ではない[1]。

　今日のかかる状況を生み出している背景としてまず挙げられるのは、国民の誰もがそれぞれ相当の被教育体験を有し、その実際を具体的に知っているという根源的事実であろう。教育の問題が他の諸科学とは決定的に異なるのはこの点に求められるといってよい。国民の誰もが、主観的であるにせよ一定の確信ともいうべきものを持って学校教育再建論や教育不要論、はたまた教師加害者論等々に至るまでそれぞれ独自の「教育」論を容易に展開し得る素地は、まさにこの点にあるといってよいであろう。

　ましてや、教育の荒廃と一般にいわれる教師と子どもをめぐる憂うべき教育的状況がその改善に向かう気配すら一向に見せぬ現実からすれば、今後なおさらにいっそうこうした傾向が強まっていくであろうことは想像に難くない。

　しかし改めて考えてみれば、教師論や学校論をはじめとする無数ともいうべき「教育」論が今日に至って突如として生み出されたわけでは決してないことにわれわれは気づかざるを得ない。古くから聞くところの「とこやの教育談

注（1）　岩本俊郎『教育学への道』文化書房博文社、1999年、110頁以下を参照のこと。

義」なる言葉などにも象徴されるように、人びとはややもすれば自己の限られた体験や主観的理想に基づいてさまざまな「教育」論を展開してきたのであった。いわば事のついでにといえばやや極論に過ぎるではあろうが、おびただしい「教育」論が次々と生み出されている所以であろう[(2)]。

　いうまでもないことではあるが、そうした「教育」論は必ずしも教育に関する厳密な思索に基づいた体系的論理の展開によるものでないことを否定し得ない。そのような意味からすれば、今日のこうした教育をめぐる百家争鳴状況について特段これを問題視するには及ばぬことであるかもしれない。あるいはまたそのなかに見出される「教育」論と称されるものについて逐一これを取り上げ、教育学の吟味に耐え得ぬものとして一蹴して葬り去ることも可能であるかもしれない。

　しかし、われわれはまたその一方において、そうした状況について次のような受け止め方もできると思う。すなわち、それはまず何よりもそうした「教育」論の積極的展開が教育的荒廃の克服を切実に求める国民の声のきわめてリアルな反映であるとし、そうした「教育」論のなかから教育の本質を示唆する思想を見出すことに努めることである。

　もちろん、すでに繰り返し指摘したようにそれらの主張や声は自己の主観に基づいた直感的で素朴きわまるものであるに過ぎぬ場合が少なくない。しかしそのことを認めてなお重要なことは、そうした声や主張としての「教育」論が成長中の世代としての子どもの健やかな成長・発達を願う国民の切実な声を反映するものであることが紛れもない事実であるとすれば、それらを教育学の見地より改めて吟味し、教育の本質にかかわる思想としてこれを豊かに発展させ

注（2）　たとえば、政治家の多くが選挙公約の目玉のひとつとして掲げる「教育」改革の中身はその典型のひとつを示している。すなわちそこでいわれる「教育」改革の内容は、教育的営みの内容そのものであるよりもむしろこれを成立せしめる外的条件をさしている場合が少なくない。もちろんそうした公約の内容が無意味であるわけではない。しかし、そうした発言は教育を可能ならしめるところのいわゆる外的条件の改革であることが正確に認識されぬままにそれ自体が教育にほかならぬと主張されるならば、それは必ずしも教育そのものを論じたものと見ることができないであろう。

10 第1章 教育の思想と教育学

ることに努めることであろう。

たとえば、「子どもが学校の主人公でなければならぬ」というデュウイ（J. Dewey, 1859～1952)[3] を想起させるかのごとき主張は、それは教育が教育者と被教育者相互の間で共同して展開される活動であることをその本質とする点からすれば、これをそのままの形で受け入れるわけにはいかぬにしても、今日の極端な管理主義的・注入主義的教育を批判するものとして一定の意味を持ち得るであろう。

また、「教師は聖職者であるべし」とのたぐいの主張は、われわれをして初代文部大臣森有禮[4] を彷彿せしむることを超えて今日頻発する教師の教育的退廃行為に対して厳しく反省を迫り、教育への専心没入を切実に願う声として謙虚に耳を傾け得るものといわねばならないであろう。あるいはまた、今日の学校教育は「あまりにも画一的に過ぎ、これを反省して子どもひとりひとりの個性の伸張を図るべきである」との主張も、それがかえって個性尊重に名を借りた能力主義的選別教育政策[5] への国民的支持の表明として取り込まれるお

注(3)　デュウイは、「教育活動において子どもが太陽となり、中心となる」といっている。J. Dewey, *School and Society*, 1899.(*Dewey on Education Selections with an Introduction and Notes by Martin S. Dworkin*, Teachers College Press, 1959, p. 52.)

　　　デュウイのこのような主張は、彼における児童中心主義を象徴するものとしてあまりにも有名である。しかし、われわれはまた同時に、デュウイが教師の果たす役割について次のように述べていることに注意しておかねばならぬであろう。「教師が（子どもの―引用者）活動の筋道を示唆する権利のみならず義務をも有していること、そしてまた教師が教材についてと同様に子どものことを知っているとすれば、大人の押しつけであるということを恐れる必要はなく、それらの重要性は、この事実を明らかにするに際して失われないということである。」J. Dewey, *Progressive Education and the Science of Education*, 1928. (*Dewey on Education Selections with an Introduction and Notes by Martin S. Dworkin*, Teachers College Press, 1959, p. 124.)

注(4)　森の教師論を象徴するものとして、「仰師範学校ノ生徒ハ教育ノ僧侶ト云テ可ナルモノナリ」との言葉はあまりにも有名である。「福井中學校において郡長及び常置委員に對する演説」明治20年11月6日(『森有禮全集』第一巻、宣文堂書店、1972年)。

注(5)　「子どもの個性尊重」は近代教育学の常識であり、その意義について改めて論じるには及ばぬことであるかもしれない。しかし、第二次大戦後のイギリスの子どもの運命を早期に決定づけてきたいわゆるイレヴン・プラス試験の非科学性を教育学の立場から一貫して指摘しつづけてきた B. サイモンが、子どもの個性に従う教育という児童中心主義に対して鋭い批判を加えたことを見逃してはならないであろう。B. Simon, Why no Pedagogy in England? (*Does Education Matter?* 1985, Lawrence & Wishart.)

それなしとはいえぬものの、これをすべての子どもにおける発達への権利を保障する視点から位置づけるならば、そうした国民の素朴な声を決して等閑に付し得ぬものといわねばならぬであろう。

これら国民の切実な願いよりする主張には枚挙にいとまがないが、そうした主張に混じってわれわれが教育とは何かという問題を正面から論じるうえで特に着目することができるのは、これまたよく聞かれるところの次のような主張である。すなわち「教育は教師と子どもとの共同作業である」、「教育とは共育である」、「教育者とは生徒から教えられ、学ぶ存在である」などというものである。

確かにこれらの主張もまた、陶冶性の保障にかかわる教育学の厳密な論理から導かれたものではない。したがって先の主張と同様、これをそのままの形で教育の理論とみなすことは困難である。しかしここで注意したいのは、それらに共通するものはいずれも教育活動を基本的に教育者と被教育者との間で取り結ばれる関係すなわち教育的関係の成立を前提として初めて成立するものとしてとらえ、しかもその活動は創造的であることを本質とすることへの着目が共通して示されていることである。

教育の根底をなすものを突き詰めて考えようとすれば、教育の原基形態としての教育的関係の問題につきあたらざるを得ない。われわれは、まさにそのような意味において「教育は教師と子どもとによる共同作業である」、「教育とは共育である」などという主張のなかに教育の本質に触れる意味が潜んでいることを指摘し得るであろう。教育のあるべき姿を国民と共に探究することの重要性もまたかかる見地より導かれ得るのではなかろうか。

2　教育的関係について

学校における教育はもちろん、およそ教育にかかわる活動はいうまでもないこととして教える者としての教育者と教えられる者としての被教育者の両者がともに存在して初めて成立する。しかしそこで注意すべきは、その活動はこれら両者がただ単に存在していることによって自動的に展開を始めるわけでは決

12　第1章　教育の思想と教育学

してないということである。それが教育活動として成立し、さらに展開を遂げていくためには、何よりもまず教育者と被教育者の両者が相互の信頼と尊敬に基づく関係を取り結ぶとともに、さらにこれを共同的かつ創造的に発展させていく努力を必要とする。

　繰り返すことになるが、教育活動が成立するためには教育者と被教育者の両者が相互の信頼と尊敬に基づく教育的関係の構築への努力の不断の積み重ねを根本的に必要とするのである。われわれが教育の原基形態を教育的関係に求め、その構築こそが教育活動の基底をなすというのはかかる意味に基づいているからである。

　「教育は教師と子どもとの共同作業である」、「教育とは共育にほかならない」、「教育者は生徒から教えられ学ぶ存在である」など、巷間いわれている一般的主張は、すでに述べたように確かに素朴きわまるものではある。にもかかわらずわれわれがそうした主張がその根底において教育の本質に触れていることを認めようとするのは、教育の基底をまさにそうした両者の相互的信頼と尊敬に基づく関係に求めようとするからにほかならない。

　しかしそこで根本的に要求されることは、そうした素朴なままではあるにしても教育的に重要な意味を有する主張をさらに発展させ、その教育的意味を真に明らかにしようとするならば、これを教育の論理の下に体系化することに努めることである。ここではそれを教育的関係の問題としてアプローチしようとするのである。

　教育的関係を論じるにあたってもっとも重要なことは、その関係が成立するうえで単に教師の側だけからではなくして子どもの側からの作用もまた同時に必要であることに注意することである。すなわちその関係を構造化してみれば、それは次のように考えられるといってよいであろう。

　まず教師の側からすれば、教師が生徒を自己の世界のなかに組み入れると同時に子どもの世界のなかに自己を組み入れようとする作用の統一として考えられるのである。そしてまた、子どもの側においてもそれと対応したアプローチが考えられるということである。すなわち子どもの側からすれば、教師を自ら

第1節 教育の根底をなすもの　　13

の世界のなかに組み込むとともに、教師の世界のなかに自らを組み入れようと
する作用の統一として考えられるのである。

　教育的関係とは、このような教育者と被教育者における相互の作用の総合に
おいて成立するところのいわば二重構造をもって成立するということである。
このように考えるならば、教える者と教えられる者との相互関係としての教育
的関係は、いずれの側にあってもそれが一方的な独断や偏見に基づく活動によ
っては真の意味でこれを展開することが期待され得ぬというよりも成立し得ぬ
ことをその本質とすることがただちに明らかであろう。

　われわれが教師による体罰（corporal punishment）の行使を教育的世界から厳
しく排除しようとする意味もまたここから理解され得るであろう[6]。体罰が教
師に対する報復や憎悪の念を子どものなかに生み出すことは、フロイド主義に
基づいてその弊害を徹頭徹尾明らかにし、その排除を訴えたラッセル（B.
Russell, 1872〜1970）の主張[7]を待つまでもなく一般に指摘されている通りであ
って、これについては多言を要しない。

　しかし教育的関係の成立の問題を根源的に考えるならば、体罰がそうした報
復や憎悪の念とともにいまひとつのきわめて憂慮すべき感情が子どものうちに
生み出されることに注意することが重要である。すなわちそれは、「長々しい
説教よりもその場限りでの体罰を受けた方がかえってすっきりする」といった
たぐいの子どもの声のなかに潜むいわば諦観ともいうべき境地を示す姿勢であ
る。体罰に関して意見を求められた子どもがこの種の声を発していることをわ
れわれがしばしば耳にすることは事実である。

　しかしここで誤解してはならぬことは、そうした声が子どもによる体罰をそ
の本質において容認しているものでは決してないということである。むしろそ
れは、教師の絶対性に対するいわば「悟り」にも似た境地を意味し、教師との

注（6）　教育における体罰の問題については、岩本俊郎「教育における体罰の問題」（季刊『教育法』
　　　第77号、78号、エイデル研究所、1989年）などを参照。
注（7）　B. Russell, *On Education Especially in Early Childhood*, 1926, pp. 114〜117.（岩本俊郎編
　　　『原典・西洋の近代教育思想』172〜174頁。）

14   第1章　教育の思想と教育学

関係を一刻も早く遮断し、表面的服従に甘んじようとする意思表示にほかならぬことを正確に認識することが重要である。

　復讐や憎悪の念と諦観は、その意識において確かに一見相反するもののようである。しかし、上に明らかなように、これら両者の感情はおよそ教師に対する信頼や尊敬の念とは無縁であることに注意しなければならない。これら両者の感情はむしろ、子どもが教師との教育的関係を取り結ぶことを拒否している点においてまったく同質であるとの理解に達することが重要なのであって、それは教育的関係の構築に決定的困難をもたらすものである。

　体罰が、教育的関係の構築を困難にするものであり、またすでに取り結ばれていたその関係を一瞬のうちに破壊する結果をもたらす危険をはらむというのはそのような意味に基づいているのである。

　上に述べてきたことに明らかなように、教育的世界にあっては、教師はただ単に授ける存在として君臨し、子どもはただ単に教師から授けられこれに従うものとして位置づけられるのではなくして、両者が互いに対等平等の存在としてこの関係を取り結ぶことを重要な特質としていることに注意しなければならない。本章第2節で論じられているように、教育学の成立と展開が体罰の弊害に関する徹底的批判をその重要な特質とする近代ヒューマニズムの思想を基礎にした民主主義の発展を待たねばならなかったのは、教育が基本的にそのような特質を備えているからにほかならない[8]。

3　教育的関係の創造的構築

　われわれは、教育的関係の基本構造を以上のようにとらえることができると思うのであるが、しかしいうまでもなくそれはあくまで理念としてのものに過ぎぬといわれるかもしれない。実際、教育に携わった者であればその誰でもが、そうした関係が何らの障害もなく円滑に成立しこれが展開するわけではなく、むしろそうした関係の構築にはいかに困難な課題が横たわっているかというこ

注(8)　岩本俊郎『教育思想の探究』ぎょうせい、1985年、第一章を参照。

とにただちに気づかざるを得ないであろう。これを上述の基本構造に即していうならば、教師と子どもの間には互いに相手を自己のうちに組み入れ、相手のなかに入り込もうとする積極的態度と、他方またこれに対して相手を必ずしも素直に受け入れようとせぬ、あるいは極端な場合は拒否しようとする側面があることは教育活動においてしばしば見出されることを否定し得ぬからである。

　いうまでもなく、教師が子どもの世界に自己を組み入れ、また子どもを自己の世界に組み入れることの必要性をどれほど強調してもし足りない。しかしそこで重要なことは、教育の実際において確かめられる上のようなネガティヴな側面をリアルに認識し、とりわけ教師の側においてこれを克服することに努めることこそが教育的関係の創造的発展の契機をなすということである。すなわち、教師と子どもとが相互に相手を自己の世界に組み入れようとする作用は、相手を拒否する側面を克服する態度へと向かうことによって発揮されることをその本質とするのである[9]。

　「教育は教師と子どもの共同作業である」などをはじめとする、先に見た主張が教育学的に重要な意味を有するというのは、教育的関係を以上のような二重構造として把握することによって理解され得るであろう。すなわち子どもの発達に向けられた自覚的作用としての教師における活動は、その作用を受けた子どもの反応をふまえて質的に高められるとともに、子どもはまたその質的に高められた教師の作用を通じてより高次の発達へと向かう手がかりを得ることができるのである。教育者と被教育者における相互の発達を通じてさらに高次の段階での統一が不断に遂げられていく活動を可能にするものが教育的関係にほかならない[10]。

　教育が無限の創造的活動であるとの具体的意味はまさにこのことにほかならない。それは、教師と子どもにおける両者の共同活動を通じて初めて展開されるものであり、教師が子どもの成長・発達を遂げていく事実に学ぶことによって教師自身もまた成長・発達を遂げていくのである。

注（9）　岩本俊郎『教育学への道』118頁を参照。
注（10）　同上130〜131頁を参照。

16　　第1章　教育の思想と教育学

　教育の基底としての教育的関係を以上のように考えることができるとすれば、今日のいわゆる教育荒廃の克服策として重要な位置づけが与えられている教師の「資質向上」とは、教師における教育的発達を意味するのであって、その活動は子ども（生徒）との活動を離れては不可能であることが根本的に確認され得るであろう。　　　　　　　　　　　　　　　　　　　　　　　　　[岩本俊郎]

第2節　近代の教育思想と教育学

1　教育学成立の前提

　教育学は、すべての子どもにおける陶冶性（die Bildsamkeit）の承認を前提として成立する。したがって、教育学はこれを前提にすべての子どもの発達を保障する技術的探究に努める科学にほかならない。

　このような特質を備えた教育学が成立するのは、カント（I. Kant, 1724〜1804）哲学に傾倒しつつもその先験的自由（transzendentale Freiheit）を徹頭徹尾退けたヘルバルト（J. F. Herbart, 1776〜1841）が教授理論の体系化に努めた19世紀初期のことである。そのような意味において、教育学の歴史は他の諸科学に比してきわめて浅いといわざるを得ない。

　その理由はすでに冒頭に述べたことに明らかである。すなわち、すべての子どもにおける陶冶性の承認の思想が力を得ることが歴史的にきわめて困難であったからである。子どもにおける陶冶性の普遍的承認は、まず何よりもすべての人間における自由と平等にかかわる認識を不可欠とするのである。

　子どもの権利の承認とこれを保障しようとする思想は、人権思想の発展を待たねばならなかったのである。つまり、教育学は人権思想に連なる近代ヒューマニズムの発展のなかで次第に認識されるに至った発達的存在としての子どもにかかわる認識の深まりと、これを確実ならしむる教育技術の探究の発展を通じて成立を見るに至ったのである。

　そのような意味からすれば、祖国ボヘミア解放運動の発展の鍵を男女を問わずすべての子どもにおける知的発達に求め、鞭の音なく「僅かな労力で愉快に

着実に」[(1)]あらゆる事柄を教授することのできる客観的技術の探究に努めたコ
メニウス（J. A. Comenius, 1592~1670）の教育的業績の意義をどれだけ力説して
もこれが不足するところではない。実際彼は、自らが提起する教授原則の客観
性を自然界とのアナロジーをもって説いた大著『大教授学』をはじめ『世界図
会』等々の著作を通じて教授法の探究に努めたのであった。

2　近代の教育思想

　しかし教育学の成立にとって不可欠の陶冶性にかかわる思想を先駆的に明ら
かにし得たのは、ルネサンス期のヒューマニストたちであった。イタリアのヴ
ェルジェーリオ（P. P. Vergerio, 1370~1444）は、「子どもというものは、悪への
傾向が強く、善への傾向が少ないものであるから、当然きびしい仕おきの下に
おかねばならぬ」[(2)]とするルネサンス初期においてなお見られた思想を脱して、
次のように主張したのであった。

> 　「子どもの時期は、それぞれの年齢段階がそうであるように、それ固有の傾向
> をもっております。したがってすぐれた諸傾向は強化し固有にし、のぞましく
> ない非難されるような傾向は改められなければなりません。……子どもは多く
> の非常にすぐれたことをわずかの努力でおこなう大きな可能性をもっておりま
> す。」[(3—24, 25)]
> 　「すぐれた子どもたちに大きな配慮がはらわれねばならぬのは、もちろんです
> が、凡庸な才能の子どもたちがなおざりにされてはなりません。」[(3—35)]

　上のような主張は、「打たれるに値するかしないか、もし値するなら正義に
感謝すべきであり、もしそうでなかったとしても、忍耐を学ぶ利点がある」[(4)]
とする14世紀末のフィレンツェ枢機卿の主張に象徴される中世ヨーロッパを支
配した原罪説的人間観と鋭く対立するものであった。エラスムス（D. Erasumus,

注（1）　J. A. コメニウス（鈴木秀勇訳）『大教授学』（1）　明治図書、1969年、13頁。
注（2）　梅根悟『西洋教育思想史』（1）　誠文堂新光社、1968年、20頁。
注（3）　ヴェルジェーリオ（前之園幸一郎訳）『イタリア・ルネッサンス教育論』明治図書、1968年。
　　　　ダッシュ以下の数字は引用頁を示す。以下同じ。
注（4）　C. チポラ（佐田玄治訳）『読み書きの社会史』御茶の水書房、1983年、21頁。

1469? ～1536）をはじめルネサンス期ヒューマニストの多くが一様に展開した体罰批判は、そうした中世的子ども観から離れ、大人とは異なる独自の存在としての子どもに対する配慮の必要性すなわち教育の可能性をとりわけ力説する思想であった。

そうした思想に強固な哲学的根拠を与えたのは、イギリス市民革命の指導者ロック（J. Locke, 1632～1704）であった。彼は、教育における身分差別を正当化する生得観念（innate idea）説に対するにいわゆるタブラ・ラサとしての精神白紙説を以って人間の平等を訴え、「人間に大きな相違をもたらすのはこの教育である」[5-31]とする教育万能論を唱えたのである。

教育学の前提たる陶冶性にかかわる認識は、こうした思想的発展を通じて次第に熟していくところとなった。しかしそこにはなお依然として重大な限界が潜んでいたことに注意しなければならない。すなわちそれは、ルネサンス期ヒューマニストの子ども観はいわゆる商業ブルジョワジー以上のものであり、市民革命の指導者ロックのそれもまたやがて中産階級へと興隆を遂げていくところのブルジョワジーを含む特権階級に専ら向けられていたこと、そして同時に、その子どもにあってすら彼らは「親に依存し、親の権力の下」[5-34]におかれた存在に過ぎぬとされていたからである。

おしなべてブルジョワ・イデオローグは、すべての子どもを身分の差別なく、換言すれば子ども一般をとらえることができなかったのである。それは、子どもの権利の普遍的承認の思想からはるかに遠ざかるものであったことを意味するといってよい。

こうした根本的限界を克服することによって子どもを真に発見し、社会における彼らの権利を宣言したのがほかならぬフランス革命の予言者ルソー（J. J. Rousseau, 1712～1794）であった。ルソーは「自然の秩序のもとでは人間はみな平等であって、その共通の天職は人間であることだ」[6-31]というのであるから、

注（5）　J. Locke, *Some Thougts Concerning Education*, 1692.（岩本俊郎編『改訂増補　原典・西洋の近代教育思想』文化書房博文社、2008年。）

注（6）　J. J. ルソー（今野一雄訳）『エミール』（上）、岩波書店、1962年。

その人間のなかに子どもも含まれていたことは当然のことであった。

　しかしルソーの主張は、単に大人と子どもが平等であることを唱えたにとどまらなかった。彼は、子どもが大人と同等の人間的価値を有するにもかかわらずその本質を知ろうとしない大人を厳しく批判し、「あなた方の生徒をもっとよく研究することだ。あなたが生徒を知らないということは、まったく確実なのだから」[(6-18)]と主張したのである。われわれはこのようなルソーの指摘のなかに、教育的世界にあっては成長した世代としての大人と成長中の世代としての子どもが対等平等の関係にあるという教育の本質に連なる思想が含まれていることを容易に看取し得る。モイマン（E. Meumann, 1862〜1915）のいわゆる「子どもから」（vom Kinde aus）をスローガンとする新教育運動が、19世紀末からの民主主義の台頭を待ってようやく展開するに至ったことは、そのような意味で当然であった。

　このようなルソーの主張が人権思想史上独自の位置を占めることはいうまでもない。しかし、教育学の成立にかかわってさらに見逃し得ないのは、彼が人間の平等を力説しつつまさにその人間すべてのうちに「自然の教育」としての内部的発展の力が等しく宿っているとし、人間の教育とは「この発展をいかに利用すべきかを教える」[(6-24)]こと、すなわち「消極教育」（l'éducation néga-tive）をその原則とすべきであるとしたことである。

　教育思想家ルソーが掲げたこの課題を正面から受け止めたのが、彼の思想を支持したがゆえに拘禁処分を受けたペスタロッチ（J. H. Pestalozzi, 1746〜1827）であった。「人間の純粋な幸福の諸力は、すべて技巧や偶然の賜物ではなく、それらはすべての人間の本質の内部に根本的な素質とともに横たわっている」[(7-57)]というペスタロッチの言葉は、祖国を同じくするルソーを彷彿させるものである。そのペスタロッチが貧民・孤児の教育に自ら携わるなかで確信したことは、「貧しい小屋にあっても、陶冶された人間性は純粋で気高く、満ち足りた人間の偉大さを発揮する」[(7-58)]という根源的事実であった。彼はこれを

注(7)　J. H. Pestalozzi, *Abendstunde Einsiedleres*, 1780.（岩本俊郎編、前掲『原典・西洋の近代教育思想』）

20　　第1章　教育の思想と教育学

通じて「人間的本質の内的な諸力を純粋な人間的知恵にまで普遍的に高めて作り上げていくことは、最下層の人間にとってさえ、陶冶の普遍的目的である」[7−58]との認識に達したのであった。

　貧民・孤児をも含めてすべての子どもにおける陶冶性を確信したペスタロッチは、「真実の静穏なる知恵への人間陶冶は、単純にして普遍的に応用しうるものでなければならぬ」[7−57]として普遍的な教育技術の探究に向かったのである。彼が開発した直観教授（Anschauunngsunterricht）の方法をその核心に据えた教授技術論はこれを現実的に可能ならしめるものにほかならなかった。

3　教育学の成立

　教育学の構築に迫るこのようなペスタロッチの思想と実践は、ドイツ教育界に深い影響を与えないではおかなかった。フレーベル（F. Fröbel, 1782〜1852）における幼児教育の探究に基づく幼稚園（Kindergarten）の創設は、彼におけるペスタロッチの実践に直接触れることによって、教育の創造性が覚醒されたことを契機としたのであった。ヘルバルトをして科学的教育学の樹立に向かわしめたのも、ペスタロッチ訪問を契機としていたのであった。すなわちヘルバルトは、ペスタロッチの思想と実践に深く学ぶなかで「直観作用は、児童や少年の教育的意味のある活動のなかで、もっとも重要なものである」[8−46]ことを力説しつつ、その欠けるところを彼は次のように指摘したのである。

> 「直観の理念の発見者であるペスタロッチーは、ごく限られた狭い領域……つまり真の民衆教育のためだけに……この理念を練り上げてきたのである。しかしながらこの直観の理念は教育全体と密接な関係をもつものである。だからとりわけこの理念については、さらに詳述することが必要とされる。」[8−45,46]

「教育の唯一全体的課題は、道徳性という概念によって言い表される」[9]と

注（8）　J. F. ヘルバルト（是常正美ほか訳）『ペスタロッチーの直観の ABC の理念』玉川大学出版、1982年。

注（9）　J. F. Herbart, *Über die ästhetische Darstellung der Welt als das Hauptgeshäft der Erziehung*, 1804.（岩本俊郎編、前掲『改訂増補　原典・西洋の近代教育思想』66頁。）

するヘルバルトは、その課題すなわち道徳的人間形成の土台を確実な知的教授に求めたのであった。彼は、人間における美的（道徳的）判断を可能ならしめるものは知的教授によって培われた思想圏の陶冶であるとしたのである。

かかる彼の主張がカントにおける先験的自由を徹頭徹尾退けた意思の自由、陶冶性を意味することは明らかである。彼は、「先験的自由論者はすでに陶冶された品性のあらわれにのみ眼をむけて」[10-59]いるというのである。しかし教育学の成立の問題を考えるうえでさらに重要なことは、ヘルバルトがその主著『一般教育学』において道徳的人間形成の土台としての知的教授の問題を、まさにすべての子どもにおける陶冶性を前提として論じたことである。彼はこれを前提に、「私は……教授のない教育などというものの存在を認めないしまた逆に……教育しない教授も認めない」とする教育的教授の問題を核心に据えた教育学の体系化に努めたのであった。科学的教育学の成立は、このようなヘルバルトの学的努力を待たねばならなかったのである。

「科学としての教育学は、実践哲学と心理学に依拠している。前者は目的を示し、後者はそれの道と危険を示す」[11]というヘルバルトの主張は、彼の教育学の骨格を示すものとしてあまりにも有名である。内的自由、完全性、好意、正義、公正の五理念を美的判断の拠るべきものとし、これら五理念の統一としての道徳的品性の陶冶を教育の根本目的とした彼は、その実現の方途を表象の力学（Vorstllungsmechanismus）に基づく教授理論に求めたのであった。

人間の経験と交際から生み出される意識内容を表象とみなした彼は、認識のメカニズムを既有の表象と新たに獲得されたそれとの統覚作用に求め、子どもにおける多面的興味はその活動を通じて喚起されるとしたのであった。明瞭、連合、系統、方法という四段階を踏む彼の形式教授段階説は、このような表象の統覚作用のメカニズムに基づくものであった。ヘルバルトは、子どもの陶冶性を前提にこうして人間における教育の可能根拠を哲学的に明らかにしたのである。

注(10)　J. F. ヘルバルト（高久清吉訳）『一般教育学』明治図書、1964年。
注(11)　J. F. ヘルバルト（是常正美訳）『教育学講義綱要』協同出版、1974年、3頁。

4 ヘルバルト教育学への批判

　歴史主義に立つディルタイ（W. Dilthey, 1833～1911）や、社会的立場に立つナトルプ（P. Natorp, 1854～1924）の教育学はヘルバルトが教育学の前提とした陶冶性を根底に据えつつも彼における普遍妥当の教育学への批判に向けられたものであった。また、天皇制絶対主義下の大正期日本における教育にも影響を与えずにはおかなかった新教育運動のもっとも有力な指導者の一人デュウイ（J. Dewey, 1859～1952）らの児童中心主義（child・centred）はヘルバルト教育学が教授中心の個人主義に傾斜したそれであるとの批判を主要な背景とするものであった。

　ヘルバルト以後今日に至るまで教育学の展開についていまここで逐一辿ることはできない。しかし、19世紀中葉以降の教育学がヘルバルト教育学の批判的継承の歩みにほかならぬとすれば、少なくとも必要なことはヘルバルト教育学それ自体を改めて吟味しておくことであろう。すでに見たように、ヘルバルトはその教育学を、ペスタロッチにおける陶冶性の思想に基づく教授理論に学びつつもその体系性に対する根源的批判をもって構築することに向かったのであった。実際、ヘルバルト教育学の体系は、晩年の著『教育学講義綱要』に見られるように精錬された厳密性をもって揺るぎなきまでに構造化され、体系化されている点でこれを凌駕し得ぬほどのものといってよい。上に見たヘルバルトに対する主要な批判のひとつとされるその教授中心、注入主義に関しても、彼が次のように述べていることを見逃してはならないであろう。

　　　「われわれにとってここで問題となるのは、……成長しつつある人間の活動性一般である。いいかえれば彼の内部的直接的な活気や活動性の量が問題となる。――この量が大きくなればなるほど――それがより〔充実され〕〔拡大され〕〔調和的〕になるほど――ますます完全となり、われわれの好意にとってますます確実となる。」(10—50)

　彼はさらに次のようにもいっている。

　　　「化学は物質の多数の組み合わせの研究に没頭する科学であり、物質の組み合

第2節　近代の教育思想と教育学　　23

わせの変化は隣接諸科学の知識を前提としながら、生徒自身の考察を通じて発見されるのである。……自己活動の魅力が理解され、必要になっているところでは、活動とそれによって得られる報酬との両方を生徒のために幸運にももたらしてくれるような科学が、もっとも歓迎されるに違いない。」[8−62]

　ヘルバルトが、子どもに潜む自己活動力を決して等閑に付していたわけではなかったことはこれに照らして明瞭であるといわざるを得ない。彼は教授理論にかかわる基本問題をことごとく視野に収めて論じ、その体系化に努めたのである。彼の教育学はそのような意味からすれば、ほぼ完全無欠とさえいってよいのかもしれない。

　しかしその完全無欠ともいうべき体系は、現実世界から離れた観念的世界における教育学のそれであったことが注意されねばならない。彼の教育学がペスタロッチの思想を土台としていることはすでに繰り返し指摘した通りであるが、彼が唯一学び得なかったことは、恵まれぬ貧民孤児の社会的救済と社会変革を念願したペスタロッチの思想であった。

　そのような意味からすれば、ヘルバルトにおけるペスタロッチ批判に基づく教育学の体系には、教育思想家ペスタロッチをトータルにとらえようとする視点が欠如していたことを指摘せざるを得ない。換言すれば、ヘルバルトは教育思想家ペスタロッチの本質的限界をとらえて教育学の体系化を試みたのではあったが、それは階級的矛盾のなかに生きる教師と子どもの教育活動とは無縁の世界において構想されたものであった。

　産業革命の進行に伴う資本主義社会の諸矛盾の激化を知ることもなく、ただひたすら理性的人間に満ち満ちた社会すなわち「霊化社会」(besselte Gesellschaft)[12]を理想とする彼は、その世界を実現するための方法を正確な教授技術として体系化することに努めたのであった。彼は、こうしてその体系化された教授理論に基づく教育を通じて霊化社会の実現を理想とし、これを教育の根本任務としたのであった。

注(12)　是常正美訳『ヘルバルト』牧書店、1957年、38〜41頁。稲富栄次郎『ヘルバルト』岩波書店、1936年、94頁。

24　第1章　教育の思想と教育学

成長した世代としての教師・大人と成長中の世代としての生徒・子どもとの教育的関係の構築を基本に教授理論を展開したヘルバルト教育学は、確かに教育のオートノミーを明確にした点で貴重な示唆をわれわれに与えるものであった。しかしそのオートノミーは、教師における教育権と子どもにおける学習権を統一的に保障する社会の実現をめざすなかで、さらにいっそう根本的にいうならば個人の発達と歴史の発展を統一的にとらえるなかで追求されるべきものでなければならないであろう。

現代教育学がヘルバルトの教育学を批判的に継承するうえで欠くことのできないひとつの重要な課題とは、まさにこの点でなければならないであろう。

[岩本俊郎]

第3節　現代日本の教育──能力主義をめぐる問題──

1　現代日本の教育現実

わが国における教育の危機的状況の進行は今日とどまることを知らない。いじめ隠蔽事件に端を発した児童・生徒の相次ぐ自殺をはじめとする、教育的世界とはおよそ無縁ともいうべき陰惨な事件の噴出は、そうした危機の度合いをいっそう深めていることを如実に示すものといってよい。

こうした状況がもはや学校教育を超えた深刻な社会問題ともいうべき危機的事態に達していることは、マスメディアで披瀝されている国民の悲痛ともいうべき憂慮の声に明らかである。

日本の学校教育が今日そうした危機的状況にまで陥るに至った背景には、すでにさまざまな角度から論じられているように、きわめて複雑な要因が絡み合って潜んでいる。しかしそれでもなお、この問題を論じるうえで決して見逃すことのできないもっとも重要な問題のひとつとして指摘すべきは、1960年代以降の高度経済成長政策と一体をなしたいわゆる教育投資論[1]の下で強力に推進され、今日にまでそれが踏襲されている能力主義的選別教育政策であろう。

そのような意味で、現代日本の学校教育が抱える深刻な諸問題は、まさにこ

第3節　現代日本の教育　　25

の能力主義的選別教育政策とのかかわりを離れて論じられぬといってよい。そのことが単なる個人の主観を超えてきわめて客観的意味を有することは、「国連・子どもの権利委員会」が日本の学校教育における懸念事項としてすでに再三にわたり次のように指摘し、その是正を日本政府に対して強く勧告していることからして明らかであろう。

　　「(a)教育制度の極端に競争的な性質が、子どもの身体的・精神的健康に否定的影響をもたらしているとともに、彼らの可能性の十全の開花を妨げていること。
　　(b)高等教育への進学のための過度な競争は、公立学校の教育が貧困な家庭の子どもには与えることの出来ない私的な教育による補充を必要とすることを意味していること。」[2]

　国連・子どもの権利委員会による上の指摘はきわめて重要である。すなわち、日本において推進され続け今日さらになお強化が図られようとしている競争主義的・能力主義的教育政策が、子どもの人間的発達を著しく阻害する要因にほかならぬことを厳しく指摘し、その可及的速やかなる是正を厳しく迫っているからである。子どもにおける発達の権利の中核に知的発達のそれが据えられることが当然であるとすれば、われわれは OECD（経済協力開発機構）が実施したいわゆる「生徒の学習到達度調査」(Programme for International Student Assessment 以下これを PISA と称す) の2003年度調査（PISA2003）において日本の子どもにおける「読解力」の国際順位の大幅低下が明らかとなったことに想到せざるを得

注(1)　文部省が1962年に刊行した教育白書『日本の成長と教育—教育の展開と経済の発達—』はいわゆる「教育投資論」の立場から教育と経済との関係を論じたものである。白書は、経済発展の要である高度な生産性を得るためには「人的能力」を向上させることが必要であって、国家が教育に投資する意味をここに見出すとしている。こうした「教育投資論」は、「今、現実に我々の前に展開している受験体制下の青少年の人間性の歪み、教育の国民負担の増大、さらに教育の自由の喪失という事実は、教育白書が目指す国民の福祉とどう関係するのか。これらの問題に対して正しい解決への見透しがなければ、教育投資論は教育という名を冠するに値しない。それは単なる経済政策論の一部にすぎない」（岩本憲『方法主義教育の克服』黎明書房、1965年、31頁）とするきわめて根源的な批判がなされている。
注(2)　「国連・子どもの権利に関する委員会勧告・日本」岩本俊郎・浪本勝年編『資料　特別活動を考える』北樹出版、2005年、22〜23頁。なお、同委員会は、2010年にも同様の勧告を日本政府に対して行っている（子どもの権利委員会 NGO レポート連絡会議編『子どもの権利委員会からみた日本の子ども』2011年、現代人文社、を参照されたい）。

26 第1章 教育の思想と教育学

ない。

　しかしそこで重要なことは、先の国連・子どもの権利委員会の勧告にもかかわらずこうした事態に直面して文部科学大臣談話[3]等に見られるようにいっそうの競争主義的・能力主義的教育政策の推進の必要性が叫ばれ続けていることである。そうだとすれば、現代日本の学校教育が抱える困難な諸問題の根底に潜む課題解決のあり方を考えるうえで、教育における能力主義の問題を改めて吟味しておくことは喫緊の課題といわねばならない。

2　中教審における「教育改革」の思想

　1998年告示の小・中学校「学習指導要領」に見られる主な特徴を三点挙げるならば、①教科内容の3割削減、②総合的な学習の時間の創設、③完全週5日制の導入、である。

　日本の義務教育諸学校は、こうした特徴を備えた学習指導要領のもとでいわゆるゆとり教育の推進が図られることとなったのである[4]。すなわち「ゆとり」のなかで「特色ある教育」を展開し、子ども・生徒に「豊かな人間性や自ら学び自ら考える力等の『生きる力』の育成を図る」[5]ことが期待されたのであった。このいわゆるゆとり教育の方針が、すでに文部大臣による諮問「二一世紀を展望した我が国の教育の在り方について」に対する中央教育審議会（以下、中教審と称す）答申において明らかにされていたことは周知の通りである[6]。

　戦後日本の教育史を繙くならば、中教審の答申内容がほとんどそのままわが国の教育政策として実現を見ていることは明らかである。とすれば、中教審答申の思想的本質を追究することはわが国の教育政策の本質を見極めるうえできわめて重要な意味を持つといえるであろう。そのような意味で見逃し得ぬ重要

注(3)　たとえば、『朝日新聞』2004年12月8日を参照。
注(4)　すでに1977年改訂の「学習指導要領」で「ゆとりと充実」がうたわれ、授業時数の削減と内容の精選が図られていた。
注(5)　文部科学省「学習指導要領　解説—総則編—」1999年、2004年一部補訂。
注(6)　中央教育審議会は、与謝野馨文部大臣の諮問「二一世紀を展望した我が国の教育の在り方について」（1995年）に対して同題名の答申を2度行っている（1996年第1次、1997年第2次）。

な点は、「二一世紀を展望した我が国の教育の在り方について」が21世紀を見据え、戦後わが国の教育を総括したうえで「教育改革」の必要を具体的に訴えていることである。

1998年告示の小・中学校「学習指導要領」もまた、その答申内容をそのまま受けるがごとくしていわゆるゆとり教育をさらに推進することになったのであるから[7]、今日わが国の教育政策の本質さらには「教育改革」の内実を把握するうえで、その中教審答申を分析し意味内容を明確にすることを避けて通ることができない。

中教審答申「二一世紀を展望した我が国の教育の在り方について」は、戦後わが国の教育を次のように総括するとともにその未来について展望している。

> 「戦後、我が国は、経済成長に邁進し、ものの豊かさを追求してきた。そして人々のたゆまぬ努力により、今日、物質的な繁栄は遂げられたが、その反面、人々は〔ゆとり〕を失い、必ずしも自己実現や心の豊かさを実感するには至っていない……今後、子どもたちが、主体的に生きていくための資質や能力を身に付けながら、自立した個を確立し、自己実現を図っていくことができるよう、教育の改革を進めていくことが必要である。」[8]

確かにわれわれは、中教審における戦後日本社会に関する上のような認識に基本的な誤りを見出すことはできない。しかしここで重要な問題は、戦後日本の子どもたちが「主体的に生きていくための資質や能力を身に付け」ることができず、「自立した個を確立し、自己実現を図っていくこと」を阻んだ原因の究明であろう。というのも、その究明こそがわが国の教育の未来を正確に展望するもっとも重要な手がかりをなすからである。この点について、中教審答申がいうところをさらに聞いてみよう。

注(7)　たとえば、1996年の第一次答申では具体的に「〔ゆとり〕の中で子どもたちに〔生きる力〕をはぐくむことを基本に、学校の教育内容を厳選するとともに……（中略）……二一世紀初頭を目途に学校週５日制を完全実施すること、社会の変化に対応した学校教育の改善を図ることなど」を提言している。なお、小・中学校の学習指導要領は、2015年に一部改訂・告示され、「道徳」が「特別の教科」としての「道徳科」とされるに至った。

注(8)　中央教育審議会「二一世紀を展望した我が国の教育の在り方について」第一章（第二次答申）、1997年。

28　第1章　教育の思想と教育学

　「これまでの我が国は、教育における平等性を重視しながらその普及を図りつ
つ、教育水準の維持・向上を目指してきた。子どもたちは、全国どこの地域、学
校においても、ほぼ同質の内容・方法による教育を享受してきた。そして、6・
3・3制を基本とする単線に近い学校体系の下、多くの子どもたちが高等学校や
大学へ進学してきた。総じて我が国の教育は、量的に著しく普及・発展を遂げ
るとともに、高い教育水準を達成するなど質の面でも大きな成果を挙げてきた。
　しかし、我が国においては、教育における平等を重視し、形式的な平等のみ
ならず結果の平等までをも期待した結果、教育システムを画一的なものとして
構築したり、これを硬直的に運用するという傾向を生じてしまったことも事実
である。すなわち、教育内容・方法、学校制度など教育システム全般にわたって、
子どもたちや保護者の主体的な選択を尊重し、子どもたち一人一人の多様な個
性や能力の伸長を図っていくという点に必ずしも十分意が用いられてこなかっ
たと言える。」[9]

　中教審の上にいうところはきわめて明快である。すなわち、戦後日本の民主
的教育改革のなかで確認された教育における機会均等の原則に一定の評価を与
えつつも、まさにその民主的改革の支柱たる教育の機会均等の原則から生み出
される「弊害」が顕著となっているというのである。教育における能力主義の
問題を考えるうえで吟味されるべき根本的問題は、中教審が教育における平等
の問題を形式的なそれと結果のそれとに区分するとともに、「結果の平等」は
教育における平等の本質を意味しないとしていることであろう。
　中教審はこの点について次のようにもいっている。・・・・

　「一人一人の能力・適性に応じた教育に必ずしも十分配慮がなされなかったと
いう点については、改めなければならないと考える。今後は、これまでの教育
において支配的であった、あらゆることについて『全員一斉かつ平等に』とい
う発想を『それぞれの個性や能力に応じた内容、方法、仕組みを』という考え
方に転換し、取組を進めていく必要がある。」[10]

注（9）　前掲注（8）、第二章。
注（10）　前掲注（8）、第一章。

第3節　現代日本の教育　　29

　このような主張は、日本の子どもが受験競争に一斉に駆り立てられ苦悩している現実のなか、これを教育システムの画一化がもたらす弊害であるとし、これを「あらゆることについて『全員一斉かつ平等に』」ということを意味するのであるから、見直すべしとする主張は、ともすれば受け入れやすいものであるかもしれない。

　教育における平等の問題を考えるうえで見失ってならぬ点は、教育における形式的平等の本質である。確かに形式的平等と結果の平等は区分して考えられてよいものではあろう。しかしこれを教育の思想あるいは論理に即して考えるならば、これら両者における平等の問題は密接不可分というよりもいっそう正確には、形式的平等すなわち教育における機会均等の原則は結果の平等の実現をめざして初めてその意味を持ち得ることに注意すべきである。換言すれば、戦後教育改革がその原則として樹立した教育における機会均等、すなわち中教審のいうところの形式的平等は、まさにすべての子どもの発達を「その能力に応ずる」教育的援助と配慮のもとに助成することを目的としていると解されるものである[11]。

　したがって、「あらゆることについて『全員一斉かつ平等に』という発想を『それぞれの個性や能力に応じた内容、方法、仕組みを』という考え方に転換し、取組を進めていく必要がある」という中教審の主張は、教育における平等をそのような意味の下にとらえることが前提されてのみ首肯されるべきものといわねばならない。しかし、子どもにおける知的発達の権利の保障を意味する教育における「結果の平等」を退けようとする中教審の主張が、こうした教育の本質より導かれるところのものからはるかに遠ざかるものであり、能力主義・競争主義政策のさらなる強化を志向していることは明白である。そのことは、中教審が念を入れた次のような主張によっても確かめられるであろう。

　　「従来の我が国において、形式的な平等を求めるあまり、一人一人の能力・適
　　性に応じた教育に必ずしも十分配慮がなされなかったという点については、改

注(11)　堀尾輝久『教育の自由と権利』青木書店、1975年、236頁。

30 第1章 教育の思想と教育学

めなければならないと考える。今後は、これまでの教育において支配的であった、あらゆることについて『全員一斉かつ平等に』という発想を『それぞれの個性や能力に応じた内容、方法、仕組みを』という考え方に転換し、取組を進めていく必要がある。」[(12)]

　すなわち、1998/99年改訂の「学習指導要領」がいうところの「ゆとり教育」は、その「教育改革」と称するなかで、教育内容・方法にかかわる選別教育を指していることが正確に認識されるべきであろう。しかしここで注意すべきは、それはすでに1960年代より進められてきた能力主義的選別教育政策の強化・徹底に過ぎないということである。

　教育の目的が、子どもの権利の中核をなす発達の保障ではなくして、効率的な経済発展にあるとするならば、そのような目的にかなわぬものを容赦なく切り捨てることは当然である。それは、すべての子どもにおける発達の権利を等しく保障することをめざして発足した戦後のいわゆる憲法・教育基本法の精神とは根本的に背反するものといわざるを得ない。

　また、中教審が「個性」と称する「能力・適性」が、実は能力主義的な選別的教育政策によって生み出された学力格差に基づくものであることにも注意すべきである。しかも、「ゆとり教育」なる美名のもとに進められる教育が、実はいっそうの学力格差を生み出し、さらにはその固定化をもたらすとの批判はさらに重大な意味を持つ[(13)]。というのも子どもに基礎学力を等しく保障する政策を放棄する一方、彼らの「適性」・「個性」に応じた教育を提唱することは、その本質において子どもを差別選別の体制の下におくことを意味するからである。

　また、2008年改訂の学習指導要領の実施（完全実施は2011年度より）により、いわゆる「ゆとり教育」の方針を改めたとされている。しかし、能力主義的選別教育政策の具体策としての「習熟度別クラス編成」や「発展的学習」はなお継

注(12)　前掲注(8)、第一章。
注(13)　苅谷剛彦他『調査報告「学力低下」の実態』岩波書店、及び2002年、西村和雄編『学力低下と新指導要領』岩波書店、2001年、等を参照。

続されたままであることに注意すべきである。

すなわち、日本の人的資源としての子どもは、経済発展の有力な手段としてのハイ・タレント養成を至上とする競争主義・能力主義的政策の下で成長発達を遂げてゆくことが宿命とされるのである。本来、周到な教育的配慮の場であるべき学校は子ども同士の競争の場と化していることはそのような意味においてきわめて当然である。こうした状況のなかで、子どもが互いに思いやる心を育む余裕を見出すことが著しく困難であることは誰の目にも明らかであろう。それは、特設「道徳」の時間に特徴的な単なる言葉のうえでのうわべだけの「協力」や「友情」あるいは「命の大切さ」などを説くことによって今日における目を覆うばかりの子どもの精神的荒廃が正されるほど単純な問題ではないといわねばならない。むしろそれが却って面従腹背の姿勢を生み出しかねぬことに注意すべきである。

とどまるところを知らないわが国の青少年の道徳的退廃の改善を大義名分として特設「道徳」を「特別の教科」とすることが決定した。しかし、「特別の教科」の本質が根本的に特設「道徳」と変わらぬならば、むしろそれが面従腹背の姿勢をさらに一層強めていくことに注意すべきである[14]。

3　教育における能力主義の克服を求めて

教育における権利をすべての子どものものとし、これを等しく保障しようとする思想の深まりのなかで、ヨーロッパ各国では、20世紀初頭以降、教育における差別の克服をめざす運動の高まりを見たことは、西洋教育史が教えている通りである。イギリスにあっては「中等教育を全てのものに」(secondary education for all) というスローガンの下、中等教育の開放が求められていたのであった。また、1947年にフランスの「教育の改革」に関しての文部大臣にあてた答申、いわゆる「ランジュヴァン・ワロン教育計画」は、教育における平等

注(14)　特設「道徳」及びその教科化の問題については、拙稿「学習指導要領の史的変遷と学校教育の構造転換をめぐる問題」(『國學院大學教育学研究室紀要』第47号、2013年) および「特設『道徳』の教科化の問題」(『國學院大學教育学研究室紀要』第48号、2014年) を参照されたい。

の原則を「正義の原則」とし、それを次のようにいっている。

「第一の原則は『正義の原則』principe de justice であるが、それはその固有の価値とその結果の豊富さとによって、他のすべての原則を支配するものである。
それは決して対立することなく、むしろ補足し合う二つの様相——すなわち平等と多様の様相——を示す。すべてのこどもたちは、その家庭的・社会的・人種的出身がどうあろうとも、その人格を最大限に発達させる平等な権利をもつ。彼らはその能力による制限以外の制限を受けてはならない。したがって、教育は万人の発達の平等な可能性を提供し、万人に教養への到達の道を開き、『最も才能のあるもの』を民衆からへだててしまう選抜という方法によるのではなく、国民全体の教養水準の絶えざる向上によって、みずから民主化されなければならない。」[15]

敗戦後の疲弊したわが国経済の実情に鑑み、ほとんど実現不可能とさえ考えられたいわゆる6・3制の単線型義務教育制度の導入もまさにそうした教育思想の発展の系譜に連なるものであることはいうまでもない。そうであるとすれば、日本の学校教育の本質的あり方が差別・選別のための能力主義ではなくしてすべての子どもに確実な学力を育むべく豊かな教育的配慮を行う教育に求められるべきであることは明白であろう。

以上のように論じることができるとすれば、深刻な教育困難の現実に直面してわれわれがまず何よりも立ち返るべき視点は、極めて明白である。すなわち、現代日本の教育の在り方について真に見直されるべきは、ついに1947年制定の教育基本法の改正にまで及んだいわゆる憲法・教育基本法体制の空洞化政策にほかならない。現代日本の学校教育が直面している教育困難克服への道を論じるうえで不可欠の視点とはまさにこの認識であって、この認識を欠いた「教育の見直し」の主張をはじめとする自称他称の「教育」論がほとんど意味を持ちえぬと言わざるを得ないのは、以上のような意味に基づいているのである。

［岩本俊一］

注(15)　「フランス教育改革のためのランジュヴァン＝ワロン計画」国民教育研究所編『国民教育』第10号、1971年(岩本俊一ほか『教育の探究』弓箭書院、2006年、179〜181頁に一部所収)。

第2章 学校教育の基本問題

第1節 教育課程の編成と方法をめぐる問題

1 教育課程の概念

「教育課程」という用語は、一般に、カリキュラム（curriculum）の訳語とされている。しかしながら、学習指導要領において「教育課程」の語が用いられたのは1951年版からであり、それまでは、「教科課程」あるいは「学科課程」と呼ばれていた。このことは、教育課程の概念を考えるにあたって、二つの観点を示している。

第一に、教育課程は「教科」「学科」といった限定された内容にとどまるものではないということである。1951年版学習指導要領（試案）においては、教育課程が教科と教科以外の活動（小学校）・特別教育活動（中学校及び高等学校）から構成されている。この両者の関係について、同学習指導要領では「教育の一般目標の完全な実現は、教科の学習だけでは足りないのであってそれ以外に重要な活動がいくつもある。教科の活動ではないが、一般目標の到達に寄与するこれらの活動をさして特別教育活動と呼ぶのである。したがって、これは単なる課外ではなくて、教科を中心として組織された学習活動でないいっさいの正規の学校活動なのである」と位置づけている。教育で目指されるのは人格の完成であり、そのためには教科指導と教科外の活動とが一体となって行われる必要がある。「教科」や「学科」にとどまらない、「教育課程」という包括的な語が用いられるのはそのためである。

第二に、教育課程は教育の内容だけを意味するのではないということである。カリキュラムは、ラテン語で走路を意味する「クレーレ」（currere）を語源としており、学習指導要領も、「コース・オブ・スタディ」（course of study）の訳

語である。すなわち教育課程は、教育目標に基づいて教育内容を編成し、これに従って教育を進めるための道筋を意味する。そして、子どもたちに何をどのように教えるかについて準備することが、教育課程の編成である。

上記の概念から、教育課程は(1)目標、(2)内容、(3)配列、(4)計画の四つから構成されていることがわかる。第一の目標については、子どもをどのような人間に育てるか、学校とは何をするところなのかといった、教育の本質に深くかかわっている。それは、子どもの発達段階や親・子ども・教師の願い等によって決められるものであり、必ずしも一定ではない。たとえば、「読み・書き・算」と「発展的な学力」のどちらを重視するかによっても、教える内容や方法は異なってくる。

第二の内容については、教育課程の中心となる要素である。人類の作り上げてきた文化遺産のなかから、学校において何を学ぶかを定めることは、自らが文化の作り手となる際に影響を及ぼす。またそこで習得した知識や技能は、自律した人間の形成とも関連してくる。

第三の配列については、どのような順序で学ぶかということであり、教材の系統性や認知過程ともかかわりが深い。たとえば、加減乗除をどの段階でどのように扱うかについては、配列の問題となる。

さらに第四の計画については、これらの目標、内容及び配列をあらかじめ準備しておくことを意味する。それは、明日の授業で何を扱うかといったごく短期間の計画から、1年間の計画、さらには子どもが出生してから生涯にわたってどの時点で何を学ぶかといった長期的な見通しまでさまざまである。いずれにしても、その場の興味や必要に駆られてというだけではない、目標を見据えた学びを進めるために、計画は必要とされる。

このように、教育課程とは子どもを教育するための道筋であり、発達を助成し支援するうえで欠かせないものである。

2 教育課程編成の主体

教育課程編成の主体を考えるうえで欠くことのできない視点は、教育が教師

と子どもの協働活動であるということであろう。学校教育法33条は、「小学校の教育課程に関する事項は、第29条及び第30条の規定に従い、文部科学大臣が定める」としている。これを受けて、学校教育法施行規則52条では、「小学校の教育課程については、この節に定めるもののほか、教育課程の基準として文部科学大臣が別に公示する小学校学習指導要領によるものとする」とされている。また、地方教育行政の組織及び運営に関する法律21条には、教育委員会の職務権限のひとつとして、「学校の組織編制、教育課程、学習指導、生徒指導及び職業指導に関すること」をあげている。しかしこうした規定も、上に述べた視点を見失うならば、その規定を真に活かせないことに注意しなければならない。

　さらに、学習指導や教科外の活動について、実際に教育課程を編成するのは学校である。特に最近は、「学校に基礎をおくカリキュラム開発」(School Based Curriculum Development : SBCD) の考え方が見直されており、教育課程編成における学校の役割は高まっている。SBCD とは、1970年代に経済協力開発機構教育研究革新センター (Organisation for Economic Cooperation and Development— Center for Educational Research and Innovation : OECD—CERI) の「カリキュラム開発に関する国際セミナー」で日本に紹介された概念であり、学校をカリキュラム開発の場と考え、そこでの日常的な活動を通して開発を進めていこうとする点が特徴である[1]。

　子どもと日々直接に接する教師も、教育課程の編成に携わる。先に示した1951年版学習指導要領（試案）においても、「教育課程の構成は、本来、教師と児童・生徒によって作られるといえる。教師は、校長の指導のもとに、教育長、指導主事、種々な教科の専門家、児童心理や青年心理の専門家、評価の専門家、さらに両親や地域社会の人々に直接間接に援助されて、児童・生徒とともに学校における実際的な教育課程をつくらなければならないのである」と述べられている。それは同時に、「本来、教育課程とは、学校の指導のもとに、実際に

注(1)　文部省『カリキュラム開発の課題—カリキュラム開発に関する国際セミナー報告書—』大蔵省印刷局、1975年、21頁。

児童・生徒がもつところの教育的な諸経験、または、諸活動の全体を意味している」という教育観に基づいている。すなわち、子どもに対して何を教授するかという内容だけでなく、それをどのように行うかといった方法や実践的な面についても教育課程には含まれる。そのためには、家庭や地域社会の願い及び実態をふまえながら、子ども一人ひとりに応じた教育課程を編成することが、教師に対して求められる。

このように、教育課程は国、教育委員会、学校、教師のそれぞれにおいて独自の役割を持ちながら編成される。いうまでもなく、これらは相互に連携することが必要である。今日では、教科書はもちろん、副教材や教師向けの指導書までもが準備されており、その流れに沿って教えていくことが教師の役割であると誤解されかねない。しかし、教師は子どもの発達及び現実と向き合い、目標を立て、教材を準備し、指導計画や方法を考えることを本来の姿としている。その一方で、教師によって教える内容がまったく異なるということものぞましくない。それらの調整にあたる役割を担うのが、学校や教育委員会である。学校―家庭―地域社会の連携ということが強調されているが、三者が一体となって子どもとともに豊かな教育活動を組織する。そしてそのための条件を整備することが、国には求められている。

3　学習指導要領と地域独自の教育課程

学習指導要領は、1947年に初めて試案が作成されるとともに、1958年（高等学校は1960年）から告示となり、法的拘束力を持つようになった。その後も約10年ごとに改訂され、現在に至っている。2008年（高等学校は2009年）には、「ゆとり教育」の反省という観点から、次の三点を中心に改訂されている。

第一は、授業時間数の増加である。OECD生徒の学習到達度調査（Programme for International Student Assessment：PISA）における、日本の学力低下という結果を受けて、算数・数学と理科を中心に、各学年とも授業時間数が増加した。総授業時間数も、小学校では1・2年生で週2時間、3～6年生で週1時間（総計278時間）、中学校では各学年で週1時間増加（総計105時間）となっている。内

容についても、「知識基盤社会」における活用型の学力が強調され、理数教育においては二次方程式の解の公式、イオン、遺伝、進化といった内容を扱うとともに、観察・実験や反復学習等の充実が目指された。

第二は、1998年版において新設された「総合的な学習の時間」の見直しである。これは、自ら課題を見つけ学び方やものの考え方を身につけるといったねらいの下、小学校3年から高等学校まで実施されている。だが、補充学習や学校行事と混同した実践が見られることや、学校間の取り組みに差があること等、十分な成果をあげたとはいえない面もある。そこで、従来の総則から新たに章を独立させることによって、実践の徹底が図られることになった。学習活動も、横断的・総合的な課題（「国際理解」「情報」「環境」「福祉・健康」）や児童・生徒の興味・関心に基づく課題に加えて、小学校では地域の人々の暮らし、伝統や文化に関する学習活動、中学校では職業や自己の将来に関する学習活動が新たに例示された。しかし時間数については、小学校では週2時間、中学校では週1.4〜2時間と、各学年で現状維持もしくは20〜60時間の減少となった。

第三は、小学校5・6年生における「外国語活動」の新設である。これは、言語や文化について体験的に理解を深め、コミュニケーションの能力及び態度を育てることをねらいとしている。ここでいう外国語とは英語を原則としているが、教科及び総合的な学習の時間とは別に扱う。授業は、学級担任または外国語活動を担当する教師が行うが、ネイティブ・スピーカーや外国語に堪能な地域の人々の協力を得ることも想定している。授業時数は、週1時間である。

これらに加えて、2015年3月には道徳が「特別の教科　道徳」と改訂され、小学校では2018年度、中学校では2019年度からそれぞれ実施される。この背景には、教育再生実行会議における「いじめの問題等への対応について」（2013年）があり、道徳を新たな枠組みによって教科化することが提言された。教科化によって、検定教科書が作成される一方、従来通り小中学校とも学級担任の教師が指導するとともに、数値等による評価は行わないという点で、他の教科とは異なる。指導に際しても、問題解決や体験的な学習を取り入れた「考える道徳」が構想されている。

38　　第2章　学校教育の基本問題

　このように、教育課程が学習指導要領によって画一化する一方、文部科学省研究開発学校や教育課程特例校制度を活用して、学校もしくは地域独自の教育課程を編成する場合もある。小学校低・中学年において英語の授業を行う場合や、「日本語科」「ものづくり・デザイン科」といった、新しい教科を設ける場合がこれにあたる。特に2015年には学校教育法が改正され、一条校として新たに小中一貫教育を目的とする「義務教育学校」が設けられた。これに伴い、9年間を見通した教育課程を、設置者の判断で編成できることも今後は可能である。

　たとえば東京都品川区では、9年間を4年－3年－2年のまとまりに再編成した独自の教育課程を編成している(2)。そこでは、5年生からの教科担任制、1年生からの英語、「ステップアップ学習」と呼ばれる選択履修枠の活用、道徳・特別活動・総合的な学習の時間を統合した新教科「市民科」の開設等が行われた。総授業時数も学校教育法施行規則に示される時間数より、9学年合計で300時間以上多く設定される等、小中一貫教育および地域独自の教育課程へと積極的に取り組んでいる。

4　個性化、特色化と協働

　近年においては、教育課程編成の方針として、個性化と特色化が強調されている。たとえば1989年版の学習指導要領では、個に応じた指導方法の工夫改善が強調され、学習内容の習熟の程度に応じた指導（習熟度別授業）が行われた。また、1998年の学習指導要領改訂にあたっては、特色ある学校づくりが掲げられた。そこでは、地域や子どもの実態に応じて、創意工夫を生かした特色ある教育を展開することが求められている。さらに、2003年の学習指導要領一部改訂以降、そこに記された内容は最低基準であり、学校において特に必要がある場合には、この事項にかかわらず指導することができる点が明確化された。

　これらの個性化や特色化は、個人及び学校間の競争につながる可能性も懸念

注(2)　品川区教育委員会『品川区小中一貫教育要領』講談社、2005年。2009年度より2012年度にかけて、新課程に移行した。

される。たとえば習熟度別という名のもとに、学校では能力別の授業や学級編成が容認されるようになった。また、学校選択制の導入や重点支援校を設置することによって、さまざまな意味での学校間格差も進行しつつある。このような競争は、学校や教師に対して適度な緊張関係をもたらすこともあるが、次の二点をはじめとした課題も残されている。

　第一は、学校の公共性をいかに維持するかという点である。公立、私立を問わず、学校は公の性質を持つと規定されている。そうだとすれば、すべての子どもに対して、制度面でも内容面でも等しい学びが保障されるべきである。習熟度別学習についていえば、発展的な内容を扱う学級と、基礎に重点を置く学級という分け方だけではなく、理解している子がつまずいている子に教えることで相互に学び合ったり、理解を深めるためにさまざまな解き方や考え方を知るという方法もある。特色ある学校についても、それが教育環境や予算の格差につながったり、進学や就職に影響するということになってしまっては、真に援助が必要とされる子どもたちにとって逆効果になりかねない。

　また第二は、子どもたちの心理的なゆとりが奪われるという点である。つねに競争にさらされる場においては、一人ひとりの子どもにとって友だちは、ライバルであり競争相手となってしまう。たとえば単元末テストの得点のように、他者の結果が自己の学力向上の比較材料となるのであればよいが、それが学級編成や進路に影響するということになれば、自己の順位にのみ関心が寄せられ、他者とともに向上しようとする心理的余裕は失われる。速水敏彦は、他者の能力を低く見積もることで本物ではない有能感を持とうとする若者を、「仮想的有能感」という概念によって説明しているが、競争社会がこのような感覚を持たざるを得ない若者を増やしているとも考えられる[3]。学校間の特色化についても同様であり、成果を求められるゆえ、短期間で目に見える内容が重視されたり、教育的に価値のある取り組みよりも子どもや親の現実的な希望が優先される傾向が見られる。

注（3）　速水敏彦『他人を見下す若者たち』講談社、2006年、118頁。

40 第2章 学校教育の基本問題

知識・技術や態度を習得することだけが、学校の目的ではない。教師と子どもたちとが協働して活動し、助け合いながら、一人ひとり、そして集団として成長する場が学校である。教育課程は、そのような成長を子どもに実感させるべく、目標及び内容を編成することが重要である。そしてそのためには、子ども一人ひとりの個性を理解しながら、協働での活動を組織することが、教師や学校に対して求められている。　　　　　　　　　　　　　　　　[樋口直宏]

第2節　学力と評価をめぐる問題

1　学力とは何か

　学力とは何か。これは、教育の本質にかかわる根本問題であり、歴史的にも長年議論されてきた問題である。この大問題を十分検討することなしに学力や教育の問題について論じることは、差し控えなければならないが、紙幅の制限もあり、この問題についてはまた別の機会にゆっくりと論ずることにし、ここでは、学力についての定義づけを紹介しながら本節における学力のとらえ方について、簡潔に述べておくことにしたい。

　まず、学力を、授業や教授・学習を通して獲得される認知的な能力とする考え方がある。この立場では、勝田[1]による「成果が計測可能なように組織された教育内容を学習して到達した能力」との定義づけが有名である。

　他方、「意欲」や「態度」などの情意的な側面と「学力」との関係をめぐっても、1960年代以降、議論が重ねられてきた。学力にこうした情意的な要素を含めるかどうかという議論では、それらの要素の教育目標への位置づけ、他の学力（知識・理解・技能など）との関連、評価における尺度などが問題となる。

　本節では、学力とは、計測可能であることを前提に、「前もって計画された教育内容に沿った学習を通して獲得された認知的な能力や技能」ととらえ、「意欲」や「態度」などを、「学力の形成に内在的に作用し、学習の過程での認

注(1)　勝田守一「学力とはなにか」『教育』1962年7月号、国土社、24頁。

知的な能力の発達に伴って、学力の深化や質の高まりにダイナミックにかかわる情意的な要素」と定義し、論を進めていくことにしたい。

2 教育評価とは何か

（1）「結果」の評価から「教育の営み」の評価へ

次に、教育評価（評価）とは何か、考えてみよう。子どもたちや親たちにもっともなじみのある評価の一形態は、通知表であろう。終業式に通知表を手にした子どもたちは、当該学期の自己の学習状況を、「4」や「5」などの「評定」や、「観点別学習状況」で確認し、一喜一憂する。

通知表を通しての「評価」は、一般的には当該学期の学習を通しての「子ども」の学習状況（結果）に光をあてたものと考えられている。そして、その考え方は子どもや親に広く支持されているといえるだろう。だが、よくよく考えてみれば、教育とは本来、子どもの人格の完成をはかるべく、教育目標に向かって教師が独自に創造した授業計画に照らし、教師と子どもの間で豊かに展開される活動である。したがって、評価は、教師と子どもの相互的な営みという視点に立って行われるべきものであろう。

しかるに、通常一般に行われている教育評価は、典型的な通知表に明らかなように、子どもの学習の状況を示すことに重点がおかれ、「結果」としての一人ひとりの子どもの「能力」の評価にとどまっているといえる。

こうした「結果」のみに目を向ける評価では、「プロセス」への視点が弱い（あるいはほとんどない）ために、教師は、教育目標や教育内容、指導方法などについての吟味をする代わりに、"わからなかった"原因を、子どもに帰属させるかもしれない。この立場では、教師が自己の教育実践について、過去の自分の実践から学ぶという意識が生まれないばかりか、一人ひとりの子どもの学習の状況を「生得的」な、いわば、子どもの「所与」の要因（もともと能力が低い、努力が足りないなど）に帰属せしめ、子どもの発達可能性を十分に開花させられないおそれをはらんでいる。それだけではなく、教師自身の発達可能性をも阻

42　第2章　学校教育の基本問題

んでいる。

　評価というものが、教育の営みという文脈から切り離され、生徒一人ひとり
の「所与の能力」としての側面が強調されるとしたら、そうした評価のあり方
は、教育評価の本来の在り方から離れているといわざるを得ない。

　では、教育の営みを含み込んだ教育評価、すなわち、教師が教育目標・計画
や教育実践を振り返り、自らの教育（指導）を改善する視点を備えた評価（いわ
ゆる指導と評価の一体化）の理念は、歴史的に新しい考え方なのであろうか。実
は、教師が自らの教育を吟味し、改善していくものであるという理念にたった
教育評価の考え方は、すでに戦後まもなくの教育界に存在していたのである。
次に、田中耕治『指導要録の改訂と学力問題』（三学出版、2002年）を参考に、戦
後初期の教育評価の推移を簡単にレビューしてみよう。

（2）　戦後の教育評価の変遷について

　「指導と評価の一体化」の理念の登場　　田中（前掲書）によれば、1947年の文
部省『学習指導要領一般編』に、戦後初期にアメリカから導入された「エバリ
ュエーション」（evaluation：教育評価）の理念——教育評価とは、教師が自己の
指導を吟味・反省し、指導に生かしていくもの——を見ることができるという。
戦後初期に、こうした、現代にも通じるような「新しい」理念が、学習指導要
領に盛り込まれていたことに、驚きを隠せない。

　「相対評価」の登場　　教育評価の本質的な理念である、教師の指導や教育計
画の吟味・改善という側面が打ち出されていながらも、この理念はその後頓挫
してしまう。この原因を、田中（前掲書）は、「相対評価」の登場に見る。もと
もとは、戦前の、教師による主観的で恣意的な評価という文脈での「絶対評
価」[(2)]からの反省にたつものとして、採用されるようになった「相対評価」で

注（2）　絶対評価という言葉は、絶対的な権威を持つ教師による主観的・恣意的評価、個人内評価、
　　　　教育目標に準拠して行う「目標に準拠した評価」との三つの意味で用いられてきた歴史があり、
　　　　意味と用法をめぐって混乱を招くことが懸念されるため、その用法には、注意を要する（日本教
　　　　育方法学会『現代教育方法事典』図書文化社、2004年、358頁）。

あり、意外なことに、教師たちには、ある種の「開放感」をもたらしたという。だが、最初の導入時点（1948年版の小学校学籍簿等）では、各教科ごとの総合評定ではなく、個々の教科の観点ごとの評価（「分析評定」）であったことに注目したい。加えて、「相対評価」の導入にあたり、統計学上の問題や教育理念上の問題などから、一定の「制限」が課せられていたことは、教科の評定において、戦後の長期にわたり「相対評価」が席巻してきたことを考えると、特筆に値する。

指導要録の趣旨の転換：「発達と指導のための原簿」から「証明のための原簿」へ

1955年の指導要録改訂[3]において、教科の「総合評定」としての「相対評価」が導入されることになり、事態は一変する。とりわけ内申書記入のための「証明機能」の側面が重視されるようになり、教育評価論において、子どもの発達を促進し、教師の教育計画や教育実践を吟味し改善するという理念が後退したとされる。

教育学的にも統計学的にも多くの問題をはらんだ「相対評価」は、学習指導要領が「試案」から「告示」へと、その拘束性を強めていく（1958年）なかで、子どもの発達の可能性を見据えた学力の保障、教師自身による教育の自己評価と改善という「教育」的側面を欠いた「教育評価」へと豹変していった。教育的内実に大きな禍根をはらみながらも、教育評価において君臨してきた「相対評価」であったが、21世紀に入り、その役割を「目標に準拠した評価」（いわゆる絶対評価）に明け渡すことになる。

（3）　どのように評価するのか：「相対評価」から「目標に準拠した評価」へ

21世紀に入り、指導要録の改訂（2001年）により、教育評価（評定）の枠組みが、「相対評価」から「目標に準拠した評価」（いわゆる絶対評価）へと大きく変

注(3)　文部（科学）省通知によれば、指導要録とは児童や生徒の学籍ならびに指導の過程と結果の要約を記録した公簿で、指導及び対外証明のための原簿とされ、「学籍の記録」と「指導に関する記録」からなり、指導機能と対外証明機能の二つの機能を持つ。指導要録の改訂は、通知表や内申書（調査書）のあり方、学力観や教育観など、教育の広範にわたって影響をもたらす。

44 第2章 学校教育の基本問題

わった。前者では、ある評定に割り当てられる比率（％）が決まっていたのに対し、新しい枠組みではその比率にとらわれずに、教育目標への到達の程度により、評定をつけることが可能になった。「目標に準拠した評価」という文脈での「絶対評価」と呼ばれる所以もここにある。新しい評価のあり方では、「1と5は7％、2と4は24％、3は38％」という正規分布による比率にとらわれない評価が可能になり、極端な場合は、教師のたてた教育目標や評価規準によっては、ある教科で「クラス全員5」という事態も、理念上はあり得る[4]。

　決められた比率（正規分布）で評定をつけるという相対評価のあり方は、前述したように、わずか40人程度（場合によっては20人ちょっと）の小さな集団に対し適用することに伴う統計学的な問題点や、子どもたちを5段階に「ランクづけ」し、否応なしに1や2を必ずつけなければならないという「非」教育的な側面などの点で、長年批判されてきた。そうした背景から、比率にとらわれず、教育目標に照らして子どもたちの学力を評価するという「目標に準拠した評価」の導入は、"一歩前進"といえるかもしれない。

　だがしかし、「評定」は、依然として残っていることは事実であり、ややもすれば、"1"の子どもが量産されるおそれがないわけではない。あるいは、「目標」の立て方いかんにより、もしくは、評価規準の多様性により、学校間での評定の比率に違いが生じることは、避けられない。このように、評定が存在する限り、教育目標や評価規準による評定の多義性や、そのことに基づく学校間のばらつきは、必然的なものになってしまうのは自明である。そして、問題視すべきは、こうした必然性を含み込んだ評定が、成績や受験をめぐって子どもの心理に大きなプレッシャーをもたらしているという構図が、依然として残っている[5]ということである。教師に求められるのは、子どもたちの発達を見据え、いかなる教育目標を立てて教育実践を行い、その目標への到達度を客観的

注(4)　2002年4月から新しい指導要録が導入されて初めての、東京都公立中学校3年生1学期の成績は、従前に比べ「5」や「4」の割合がやや増え、「2」と「1」がやや減少したという。また、ある教科で「5」を半分以上つけた学校や、全教科で「1」をつけなかったりする例も見られた（『朝日新聞』2002年10月11日号）。

に測定し、科学的な評価をめざしていくかということであるが、こうした営み
を、学力保障を含めた子どもの人格の発達や、教育実践の吟味の両面から真に
意味のあるものにしていくためにも、評定の意義や導入、あり方をめぐっての
教育評価の議論が、今後もますます重要性を帯びてくるだろう。

3　学力と評価をめぐる現代の問題

（1）　学力低下の問題

　昨今の教育問題における人びとの大きな関心事のひとつは、学力問題、なか
でも学力低下の問題であろう。大学生の基礎学力低下を発端に[6]、"学力低下"
の問題は、2002年（高校は2003年）に始まった"新"学習指導要領（1998年改訂、
高校は1999年改訂）での"3割カット問題"（"新"指導要領では学習内容が3割カット
されるというもの）による子どもたちの学力低下への懸念へと広がり、さらに21
世紀に入って行われたいくつかの国際的な学力調査（たとえば、OECDによる
PISA2000, 2003, 2006など）での"学力低下"とあいまって、いまだに人びとの関
心を引きつけている。

　はたして子どもたちの学力は本当に低下したのだろうか。このことは、十分
な吟味を必要とする。なぜなら、すでに述べたように、教育の営みの結果とし
ての子どもたちの"学力"は、実際の教育の内実と切り離して考えることはで
きないからである。したがって、仮に、継続的に行われた学力調査での同じ問
題についての正答率が、以前に比べて「低」くなっていたとしても、その数字
だけをもってして、学力低下と断定することは避けなければならない。

注（5）　たとえば、2004年6月1日に生じた佐世保市小6女児同級生殺害事件では、加害者児童（他の
　　　児童を含む）の成績が4年時（2002年度）から5年時（2003年度）にかけ低下したことが知られてい
　　　る（朝日新聞西部本社編著『11歳の衝動　佐世保同級生殺害事件』雲母書房、2005年）。学力テ
　　　スト（教研T式）の学級平均点（単学級）はさほど低下していないことから、担任の交替による評
　　　価規準の変更により評定が一律に厳しく算定された可能性がある。評価規準の変更に伴う成績
　　　の低下が子どもの心理に及ぼす影響は、もっと考察されてよい事項である。
注（6）　西村和雄「少数科目入試のもたらしたもの」『分数ができない大学生』東洋経済新報社、1999
　　　年、1頁。

46 第2章 学校教育の基本問題

いうまでもなく学力は、教育課程と深く関連していることから、当該学習指導要領や指導要録の様式、あるいはこれらをめぐっての「学力観」や「教育観」などの影響を受けることは自明である。とりわけ、「教える」ことから「支援」へと、教師の役割の変更を余儀なくされた文部省のいわゆる「新学力観」（1992年より実施）[7]の登場以降と、それ以前では、教育の営みの"質"の変化が推測されること、学習指導要領で規定されている教科ごとの目標・内容・時間数の推移など、教育の営みにかかわるさまざまな事柄を勘案しない限り、正答率の指標のみに基づいた学力低下論は、子どもの「生得的」な能力の低下に収束したり、反動としての「詰め込み教育」の強化へと再び結びつきかねず、学力問題の本質を見誤ってしまうおそれがある。

正答率の低下は確かに重要な問題であるが、子どもの人格の発達や教育という営みの向上という視点に立てば、もっとも肝要なのは、正答率が低下した原因について、教育課程や教授方法などの点から吟味しながら、人格を豊かに形成する教育課程や教育実践についてつねに問い直し、教育内容の精選や教授方法の改善に心を砕き、学びの内容が人格形成においていかに醸成されていくのかについて考察を深めることであろう。

（2）　学力「格差」[8]について：「格差」・「低下」から新しいパラダイムへ

学力低下とならび、昨今の大きな教育問題のひとつとして、学力「格差」の

注（7）　「新学力観」とは、1989年改訂学習指導要領及び1991年指導要録改訂の流れのなかで登場してきた、教育や学力に関する新しい考え方をさす。学習状況の評価における「観点」のなかでの「関心・意欲・態度」の重視、「指導」から「援助」への教師の役割の転換、小学校低学年での理科・社会の廃止と「生活」という新しい教科の導入などを特徴とする。

注（8）　格差とはそもそも物理的なモノ、あるいはブランドなどについてクラスをつけるものであり、子どもの学力に対して用いるのは適切ではないが、当概念を用いる資料が多いことを背景として、本稿では学力「格差」と表す。

注（9）　小学校では遅れて2003年指導要領一部改訂において、「習熟の程度に応じた指導」の文言が盛り込まれた。

注（10）　長年文部省で教育課程の基準の作成にかかわった奥田真丈（東京都立教育研究所所長、当時）は、学習の「結果として違い」が出ることを、「個性の違い」に帰している。『絶対評価の考え方』小学館、1992年、62頁。

第2節 学力と評価をめぐる問題 47

問題がある。すでに述べた「新学力観」に基づく教育では、「個性」の重視を前面に掲げながら、中学校指導要領（1989年）では「習熟の程度に応じた指導」[9]の文言が盛り込まれた。学力も「個性」であるとする立場[10]では、学力「格差」を容認するのみならず、その拡大に拍車をかけることにもつながる。さらに、21世紀に入り、後述する「理科大好きプラン」や習熟度別授業の推進その他のあからさまな能力主義的な政策により、学力「格差」は、複線的に拡大していることが推測される。

　日本の能力主義的政策を俯瞰的かつ客観的にとらえるために、学力の国際比較や外国での取り組みに目を向けてみよう。たとえば、福田は、OECDによる学力調査（PISA2003）の結果を丹念に分析し、日本は他の"高"学力国に比べると、"低"学力の子どもの層が厚いことを指摘している[11]。

　すなわち、日本の子どもたちの"学力"は、国をあげて大騒ぎするほど"低"いわけではなく、日本の"低"学力は、より多い"低"学力の子どもたちの層が後押ししているというのである。国をあげての"学力低下"論争が、「理科大好きプラン」（文部科学省）[12]などの、"高"学力の子どもたちへの手厚い教育をもたらし、一方で、"低"学力の子どもたちは、習熟度別授業という「時代遅れ」[13]の教育[14]に甘んじている。結局のところ、"学力低下"論争を受けての教育政策が、学力低下の底上げに効果的に働いているかどうかは慎重な検討が必要である。

　経済生活や学力の領域で「格差」が論じられるようになって久しい。21世紀以降積み重ねられてきた学力低下及び学力「格差」の議論・言説は、人びとや社会にどう受け止められ子どもたちにいかなる影響をもたらしたのであろうか。

注(11)　福田誠治『競争やめたら学力世界一　フィンランド教育の成功』朝日新聞社、2006年、37〜39頁。

注(12)　「科学技術・理科大好きプラン」では、将来のエリート養成（SSH）をにらみ、57億円もの巨額の予算が投入されている。http://www.mext.go.jp/a_menu/shougai/21plan/p2.htm（2006年12月15日現在）

注(13)　佐藤学『習熟度別授業の何が問題か』岩波ブックレット No. 612、岩波書店、2004年、17頁。

注(14)　文部科学省「公立小・中学校教育課程編成・実施状況調査」（2003年）によれば、小学校において、何らかの形で習熟度別授業を導入している学校は、7割を越えるという。

48 　第2章　学校教育の基本問題

耳塚[15]は2004年以降の「教育投資家族」の増加に言及し、「学力が家庭的背景の代理的指標」(p.8) であるとしたうえで、この現象が2003年以降の教育改革の方向性と連動することを示唆している。全国学力テストの再開や結果公表、学校選択制などの能力主義的な教育政策は、経済的に豊かな一握りの家庭の教育意識や教育投資の在り方と呼応しながら、学力「格差」に影響をもたらしていることが想定される。

　研究者主導による学力「低下」・「格差」の議論が教育行政に教育改革の契機をもたらし、経済的に豊かな層に対する教育への意識や投資に影響をもたらしたとすれば、問われるべきは教育制度や施策のみならず、研究者の発信する研究内容や言説にも及ぶのは自明である。

（3）　人格形成を促す学力形成と評価のあり方について

　教育基本法がいうように、教育の目的は、人格の形成にあり、学力形成や教育評価も、その方向に向けて達成されなければならない。したがって、学力それ自体が、個人の尊厳を守り、平和を大切にするなどの豊かな人格形成という文脈のなかで形成されるべきであり、過度の競争やいじめにつながるような評価は、戒められねばならない。いい換えれば、学力が、人格形成を目ざす形で教育評価は行われることが望ましい。

　相対評価に替わり、評定として「目標に準拠した教育評価」（絶対評価）が採用されるようになって、10年以上が過ぎた。すでに述べたように、従来の「相対評価」による枠組みに比べれば、新たな一歩を踏み出したといえるかもしれない。だが、「観点別学習状況」の評価項目（教育目標）の妥当性[16]、目標準拠的な枠組みを第一義的なものとしながらも、相対的な枠組みとの関連を払拭しきれない5（3）段階評定を残していることなど、いまだ教育学的に検討すべ

注(15)　耳塚寛明「学力格差と教育投資家族」『学力格差に挑む』お茶の水女子大学グローバルCOE
　　　プログラム　格差センシティブな人間発達科学の創生3、金子書房、2013年、1～11頁。
注(16)　関心・意欲・態度などの「観点」を、いかなる規準で評価するのか、またこうした、いわば
　　　子どもの内面にかかわる評価をめぐっての是非や客観性については、すでに述べたように、学
　　　力の構造の議論とあいまって、いまだ多くの問題を抱えている。

第 2 節　学力と評価をめぐる問題　　49

き問題を多々含んでいる。

　今世紀に入り、1990年代の文部省による「新学力観」を踏襲した「自ら学び自ら考える」という「生きる力」[17]をめざす個性重視の教育が推進され、習熟度別授業や学校選択制、スーパーサイエンスハイスクール（理科大好きプラン）などの能力主義的な教育政策が複線的に推し進められてきた。2008年の学習指導要領改訂では小学校高学年において外国語活動が導入され、次期改訂では教科としての導入が示唆されている。小学校高学年での外国語（英語）の教科化による、学力差の拡大への懸念は必至である。学力の「格差」が家庭の経済状況と連動する[18]のであれば、経済的に余裕のない家庭の子どもたちへの教育効果を高める教育政策へと重点をシフトしていくのは喫緊の課題であろう[19]。

　また、憲法改正を契機としての18歳選挙権が国会で成立し（2015年 6 月17日）、多くの憲法論者が「違憲」と断じた安保関連法案が可決（同年 9 月17日）した。こうした政治状況のなかで、次期改訂で「道徳」の教科化が示唆されている。

　18歳が参入する選挙を目前に控え、「平和を守り個人の尊厳を守る人格形成」という大きな教育目標に向けて「主権者としての生徒の発達」をいかに保障するのか、そのためにいかなる教育を展開するのかについて、教育現場からはすでに教師・学校の苦悩や子どもたちの戸惑いが垣間見える[20]。

注(17)　「新学力観」の指導要領を踏襲した1998年改訂の指導要領のスローガンである。具体的には、「自ら学び、自ら考える」力をさす。その指導要領で導入された「総合的な学習の時間」は、「生きる力」の育成をめざすものである。

注(18)　前掲、注(15)ならびに注(19)を参照。

注(19)　OECD は、日本における、初等教育、中等教育、高等教育以外の中等後教育への教育支出の対 GDP 比率の低さ(2.9%；OECD 平均は3.7%)、ならびに高等教育の私費負担割合の高さを指摘している(OECD　2015　図表でみる教育2015年版；　http://www.oecd.org/tokyo/newsroom/reducing-inequalities-and-financing-education-remain-key-challenges-says-oecd-jp.htm　2016年 1 月10日現在)

注(20)　2015年 6 月に行われた山口県の県立高校 2 年生「現代社会」での、「安全保障関連法案」に関する模擬投票の授業をめぐって、県議会で笠本俊也県議(自民党)により「政治的中立」に関する質問がなされ、浅原司教育長より「配慮不足」と授業を問題視する見解が示された(毎日新聞、2015年 7 月 4 日付)。これについて竹内常一国学院大学名誉教授は、教育長に対し、学問の自由を尊重する立場から、現場で主権者教育を行う教師を守るべきであると批判をしている(産経 WEST　2015年 7 月 4 日　http://www.sankei.com/west/news/150704/west1507040027-nl.html　2016年 1 月10日現在)。

50 　第2章　学校教育の基本問題

外国語（英語）の小学校での教科化、道徳の教科化も迫る中、とりわけ18歳選挙権行使を直前にして、獲得させるべき学力の内実と、教育目標、教育評価の規準の科学的な構築が早急に必要である。　　　　　　　　　　[田口久美子]

第3節　道徳教育をめぐる問題

1　問題の所在

「葬式ごっこ」の対象とされた少年の追い詰められた果ての自殺やマット殺人事件など、子どもがひきおこした事件の頻発が国民に衝撃を与えたのは1980年代のことである。しかし1980年代以降に激増し始めたとされるこれら日本の青少年をめぐる深刻な問題がその時代にあって突如として発生したわけではないことに注意しなければならない。

そこで蘇ってくるのは、まさに今日の青少年における問題行動の発生をすでに1960年代後半にOECD教育調査団が鋭く予言していたことである。同教育調査団は、「文部省は日本の教育の内容に対して、非常に強力な公的支配力をもっている。……教育内容の価値に関するものを支配しようという考えは、純粋に教育的な立場からみると、たいへん大きなマイナスをもたらすことになる。」[1]と指摘したのである。

同教育調査団による日本の学校教育に関する指摘の持つ重大な意味については、当然、道徳教育の問題をも含んで考えられねばならないであろう。そのことは、小・中学校における特設「道徳」の授業が、同教育調査団の指摘に先立つ1958年以降、すなわち行政的解釈として法的拘束力を有するとされるに至った学習指導要領の下ですでに実施され、その定着に向けた教育政策上の努力が相当期間積み重ねられているという歴史的事実に鑑みれば明らかであるからである。

同教育調査団による上の指摘は、「官製道徳」教育の開始に端的に示される

注（1）　OECD教育調査団（深代淳郎訳）『日本の教育政策』朝日新聞社、1976年、46頁。

第3節　道徳教育をめぐる問題　　51

いわゆる憲法・教育基本法体制の空洞化政策の進行が日本の子どもと教師の心を確実に蝕み、教育の世界に荒廃をもたらしていった時代に行われたものであった。この歴史的事実に照らせば、今日のわが国における青少年の危機は、まさに「道徳」特設以降の学校教育政策をきわめて重要な背景として生み出されたことを否定できないであろう。

　しかもそこで忘れてならないのは、「道徳」特設以降の学習指導要領がその改訂のたびごとに学校における道徳教育の充実・徹底をその主要なねらいとしてきたことである。そしてさらに、「『道徳』を学校教育のかなめの時間」とするとの中央教育審議会の答申[2]を経て、首相（小渕恵三）の単なる私的諮問機関に過ぎぬとはいえ、「教育改革国民会議」（2000年3月発足）がその提案として学校は「道徳」を教えることをためらわず、これを教科として位置づけることさえ公言していることを提言したのである[3]。こうした位置づけが与えられてきたこの「道徳」が、ついに2015年告示の改訂学習指導要領において、「特別の教科」とされるに至ったのである。

　近代市民社会における公教育のライシテ（laïcité）の原則[4]に反するこうした提言は、戦後日本の教育改革期の学校における道徳教育が戦前の天皇制絶対主義教育を支えた修身教育を根本的に否定し、まさにこのライシテの原則に基づいてスタートしたという基本的認識の欠如を示しているといわねばならない。

2　戦後教育改革期の道徳教育

　わが国戦後教育改革期の学校における道徳教育の基本的かつ具体的方針は、文部省が学校教育の内容と方法に関する基準を示すものとして1947年に公表した学習指導要領（試案）に明らかである。すなわち、戦前日本の学校教育を絶対的に支配した教育勅語（1890年発布）の下で学校教育の中核をなした修身科を教科課程から排除するとともに、修身科にかわる道徳教育に関する科目をも設

注（2）　中央教育審議会答申「新しい時代を拓く心を育てるために」1998年。
注（3）　教育改革国民会議『報告―教育を変える17の提案』2000年12月。
注（4）　コンドルセ（渡辺誠訳）『革命議会における教育計画』岩波文庫、1972年。

置することなくして道徳教育を行うことが根本方針として示されたのである。

　この学習指導要領（試案）において、道徳教育の問題がいかに重視されたかというよりも、それをもっとも重要な課題としていたかについては、たとえば教育の一般目標について次のように述べられていることひとつをとってみても明らかである。

　　「人の生活の根本ともいうべき正邪善悪の区別をはっきりわきまえるようになり、これによって自分の生活を律して行くことができ、同時に鋭い道徳的な感情をもって生活するようになること。」

　戦後教育改革期における学習指導要領（試案）が根本的にめざすところは、道徳的人間の形成であった。その学習指導要領は、こうした教育の一般目標を達成するためにさらに次のようにいっている。

　　「児童や青年は、現在ならびに将来の生活に起こる、いろいろな問題を適切に解決していかねばならない。そのような生活を営む力が、またここで養われなくてはならないのである。そうでなければ、教育の目標は達せられたとはいわれない。」

　このようなきわめて一般的な説明によっても明らかなことは、学習目的の重点が子どものうちに現在及び将来の「生活を営む力を養う」ことにおかれていることである。この学習の目的を先に述べた教育の一般目標における特に道徳的価値に関する問題との関連で考えるならば、この学習指導要領がめざしているところの道徳教育の在り方についておおよその輪郭を描くことができるであろう。すなわち、「人の生活の根本ともいうべき正邪善悪の区別をはっきりわきまえ……自分の生活を律して行くこと」ができるためには、学校生活のなかで起こるさまざまな問題の解決を通して試みられることが必要であり、ただ単に教師の話を聞きおくことによっては不可能であることを示したのである。

　1947年に制定された教育基本法の精神に基づく民主主義教育のもっとも重要な課題は、いうまでもなく国民一人ひとりにおける民主的人格の形成であった。1947年の学習指導要領が、試案（tentative plan）として発表されたのもそうした精神に基づくものであった。

第3節　道徳教育をめぐる問題　　53

　すなわち、民主的国民の形成という道徳教育の根本的課題の達成は、教師の創造的実践を可能にするところの教育の自由を保障して初めてなし得るものであり、それゆえ学習指導要領が試案とされたのである。

　確かに試案時代の学習指導要領は、学校教育のカリキュラムのなかに「修身」はもちろん道徳教育にかかわる科目すらをも組み込んではいない。しかしそれは、すでに述べてきたように試案・学習指導要領が学校における道徳教育を軽視したのでも、ましてやそれを無視した結果に基づくなどということをも決して意味しない。むしろそれとは逆に、まさに道徳教育こそがもっとも高度に重視されていたのであった。それを具体的にいうならば、学校における子どもは主体的経験活動を通して社会認識を獲得するとともに、その認識をさらにまた生活経験を豊かに積み重ねるなかでいっそう強固なものとし、これを土台にして道徳的価値判断を確実なものとして行くことが期待されたのである。

　こうした道徳教育の原理を学校教育のなかで具体的に生かすうえで重要な位置を占めるものが、民主主義社会の建設を担うにふさわしい教科として新設された社会科であった。

　社会科は、「民主主義社会の基底に存する原理について十分な理解」を有する教師の下に、まず青少年の社会的経験を拡大させ、それによって彼らが社会生活における人と他人との「相互依存（interdependence）の関係を理解」し、社会生活の「進展に力を致す態度や能力」を培うことを目的として新設されたのである[5]。これをなお具体的にいえば、民主主義社会の建設を担うにふさわしい青少年の道徳教育は、新設・社会科を基礎に学校教育全体の活動を通じて展開するなかで行われ得るとしたということである。

　こうした道徳教育原理が、主としてデュウイ（J. Dewey, 1859～1952）らのプラグマティズムの教育哲学よりするいわゆる生活経験学習に基づいていたことは周知の通りである。デュウイは、次のようにいっている。

　「私は、道徳教育がその中心とするものは社会生活の一様式としての学校とい

注（5）　学習指導要領社会科編（試案）1947年。

54 第2章 学校教育の基本問題

う概念であると考える。最高にして最深の道徳訓練が得られるのは、まさに仕事と思考とを統一して他者との適切な関係を取り結ぶことによる。……子どもは、共同生活を通じて活動の中で刺激を受け、統制されるべきだと私は考える。……学校の訓練は全体としての学校生活から発すべきであり、教師から発するべきではないと考える。」[6]

デュウイにあっては、子どもにおける道徳的価値の獲得とその定着は、彼らの学校生活におけるいわば理論と実践の統一によって初めてなされ得るとされていたのである。戦後教育改革期の日本の学校においてその全体が道徳教育の基盤をなしていたとは、まさにそのような意味に基づいているといってよい。

以上のように考えれば、憲法、教育基本法に基づくところのいわゆる試案・学習指導要領時代の学校における道徳教育は、何よりもまず自治的な学校生活の訓練として、すなわち生活指導として実践され、道徳についての知的理解は主として社会科がこれを担当するものとされたことは明らかである。しかしそこで確認すべき重要な点は、こうした道徳的行為の主体としての全体的人間の形成は、学校教育全体がこれに統一的に参加することを通じて果たされるとされていたことである。

戦後教育改革期の日本の学校における道徳教育は、こうした基本方針の下に進められることになったのである。民主主義社会建設の担い手として「個人の尊厳を重んじ、真理と平和を希求する」(1947年制定教育基本法・前文)自主的人間の育成は、試案時代の学習指導要領がその重要性を力説した子どもと教師の間で展開される自由な創造的活動の場としての学校を不可欠としたのである。

3 「道徳」の特設から「道徳」の教科化へ

しかし、行き過ぎた民主化是正の名の下に進められた占領政策の転換は、こうした本来あるべき道徳教育の在り方を大きく転換させることとなった[7]。D.マッカーサーが警察予備隊の設置を指令したまさに1950年における天野貞祐文

注(6) J. Dewey, *My Pedagogic Creed*, 1897.

部大臣の次のような発言は、日本の学校における道徳教育を変質させる重要な契機をなすものであった。

> 「社会科は社会道徳には適切だが、個人道徳には不充分だ。社会科を発展させ整理して人生論や思想問題を主とする教科、つまり新しい修身科を特設するのが望ましい。」

天野文相による上のような発言が、民主憲法の精神はもとより戦後日本の学校における道徳教育原理に関する甚だしい無理解を示していることは明白であろう。天野発言を有力な契機とする「道徳」特設に至るプロセスについては、先行研究が明らかにしている通りである[8]。しかし特設「道徳」の本質を究明するうえで確認すべきもっとも重要な点は、池田・ロバートソン会談（1953年）以後その動きが急激に加速したことに見られるように、それが教育の論理ではなく専ら政治的要求に基づいて進められたということである。すなわち、独立後の日本は「教育および広報によって愛国心と自衛のための自発的精神が成長するような空気を助長する」[9]ことに努めることをアメリカ政府と確認・合意し、こうした方針に沿って教育政策を展開することとなったのである。

今日、教師と生徒のいずれの側にあっても、その多くが位置づけ難い矛盾をもって受け止めざるを得ないとされている「道徳」の特設は、こうした政策的要求を背景とするものであった。その「道徳」を特設した、学習指導要領が試案としてではなく官報に告示されたのは、1958年のことであった。

文部省は「道徳」特設にあたり、今日においてもその基本原理を基本的に踏襲している次のような通達（1958年3月18日）を発したのであった。

> 「道徳の時間は、……他の教育活動における道徳指導と密接な関連を保ちながら、これを補充し、深化し、または統合して、児童生徒に望ましい道徳的習慣・判断力を養い、社会における個人のあり方についての自覚を主体的に深め、道

注（7）　占領軍における「初期の対日方針」が、「日本ガ再ビ米国ノ脅威」となることなく「米国ノ目的ヲ支持スベキ」政府の樹立に求められていたことからすれば、占領下の教育政策はその限りにおいて首尾一貫していたともいい得る。

注（8）　岩本俊郎他『道徳教育の理論と実際』国土社、1980年。

注（9）　宮澤喜一『東京—ワシントンの密談』中央公論社、1956年。

56 第2章 学校教育の基本問題

徳的実践力の向上をはかる。」

　これに明らかなように、特設「道徳」の授業は、他の教育活動には道徳的内容が当然含まれていることを前提とし、それでもなお不十分な部分を補充し、深化し、統合することを独自の使命とすることをその本質とするというのであり、この原理が今日においてもそのまま踏襲されているのである。しかしそれは、特設「道徳」が他の教育諸活動のなかに道徳教育の内容を含むことによって自らの存在意義を主張し得るものであること、したがってそれは他の教育活動が道徳教育の内容を含むことを強要する機能を有していることに注意すべきである。換言すれば、特設「道徳」は教科をはじめ学校教育活動の各領域のなかに道徳教育の要素を含み込ませることを前提に存立することを示しているのである。「道徳」がすでにその特設の時点から学校教育におけるかなめの位置を占めているとは、このような意味に基づいているからにほかならない[10]。

　2015年に告示された改訂・学習指導要領は、学校教育原理としてこのような根本的矛盾を含んでいる特設「道徳」を「特別の教科」として位置づけることとしたのである。しかもここで見逃すことのできないことは、小学校は2018年度、中学校は2019年度からそれぞれ施行されることになったこの「特別の教科」としての「道徳科」の授業には、検定教科書が用いられることになったことである。

　2008年告示の改訂・学習指導要領において「道徳教育推進教師」を中心とする指導体制の下で進められている特設「道徳」が、さらに子どもを評価の対象とする教科としての位置づけが与えられるに至っては、これがすでに述べた近代公教育におけるライシテの原則に照らして極めて重大な問題を孕むものであることが明白といわねばならない。　　　　　　　　　　　　　　　　　［岩本俊郎］

注(10)　中央教育審議会は、「幼児期からの心の教育の在り方について」（答申、1998年）の中で、特設「道徳」の時間が、学校教育における『「かなめの時間」』として一層活用される必要がある」と提言している。しかしそこで言われている「かなめ」とは、「道徳」が学校教育活動全体を支配しかねぬほどに重大な影響を与える点におけるそれを意味しないことに注意すべきであろう。

第3章 生涯教育の基本問題

第1節　生涯発達と教育

1　子どもの発見を通じて大人の再発見へ

　成人してから後の大人の発達が課題とされるようになったのは、1980年代以降のことである。

　しかし、ふりかえってみれば子どもの発見ということ自体が近代の所産なのである。アリエスのいう「子ども」の誕生とは、かつてのヨーロッパでは子どもは大人とさほど区別されておらず、「小さな大人」としてしかみなされていなかったことをいう。子どもと大人は連続的であったのであり、子どもに固有の諸特徴を社会があとから認めるようになったということである。したがって、子どもの教育を考えることは、大人との差異と非連続性を認めることでもあった。

　同様に、「子ども」という概念を歴史的産物であると認めるならば、子ども・青年・大人・老人という、現在の私たちがあたり前とみなしている年齢段階もまた歴史的に変化しており、相対化してとらえる必要のあることがわかる。

　発達心理学者は、私たち大人とは別の世界に生きる未開人としての「子ども」を発見したが、彼らのまなざしは次に示すように子どもと大人の間の質的変化や段差の大きさを強調するものであった。

　ピアジェによれば、教育は知的発達の後についていくべきものである。それに対しブルーナーは、ヴィゴツキーの影響を受けて、知的発達に及ぼす学校教育の影響を重視した。認知発達研究においては、子どもは科学者のようにふるまうと想定されてきた。初めは子どもたちの理論は素朴でまちがっているものの、やがて因果的思考などをとり入れて、魔術的で非合理的な信念や思考は用

いられなくなると考えられてきた。だが、こうした楽観的な見方はいまや鳴りをひそめている。子どもと大人の認知の差異は、これまで考えられていたよりも小さいとされ、大人の日常的認知との連続性がより重視されるようになってきている。

発達心理学においては、いったんは子どもと大人の区別がなされたうえで、現在はまたその連続性が注目されている状況にあるといえる。

教育学研究の場合はどうであろうか。勝田守一は、1960年代の著作である『能力と発達と学習』において、人間の発達を論じながら結果的には発達と教育を子どもの問題としてとらえている。勝田の思想的後継者といえる堀尾輝久になると、1990年代には「発達教育学」という言葉とともに成人以降の発達と教育の問題への関心が示されるようになる。しかし依然として議論の中心にあるのは子どもの発達であり、教育の場としての学校である。

いまなぜ、大人の発達と教育の問題を論じなければならないのか、その背景をさぐり生涯発達という発想の可能性にせまりたい。

2　中高年期への関心の増大

高齢化社会について注目されるようになったのは、日本よりも欧米の方が早かった。アメリカでは、1970年代前半に65歳以上の高齢者人口が10％を超えている。日本で10％を超えたのは、1980年代半ばであるが、2005年には20％を超えた。2015年版の『高齢社会白書』によれば、2060年には高齢者人口が39.9％に達すると予測されており、世界でもっとも高い水準になることが見込まれている。

従来の発達研究では、青年期を完成体とみなし、その後は加齢とともに衰退してゆくと考えられてきた。したがって、高齢者には新しいことを学ぶことができないという否定的な見方であるエイジズムも生じた。

確かに、人間以外の生物であれば、成熟して次の世代を残すことができたら死んでしまうものも多い。しかし、人間はいわばその後の余生がきわめて長い生き物であり、その平均寿命ものびている。こうした現実の前では、発達と教

育が青年期をもって完了するという発想には限界があるといえよう。そして、しだいに存在感を増してくる高齢者を前に、ひとつの疑問が生じる。それは、中高年期がほんとうに一方的な衰退の時期なのか、という問題である。中高年、とりわけ高齢者の発達にかかわる研究がさまざまなデータを通して訴えているのは、私たちの発達観及び人間観の転換である。

キャッテルとホーンは、二種類の知力概念を用いて、加齢に伴う知力の働き方を説明する。流動性知力は神経生理的基盤を持ち、短期記憶や空間知覚、情報処理などの瞬発力を要する能力である。結晶性知力は後天的に獲得され、語彙や文化の理解など、教育と経験によって形成される力や、すでに獲得した知識を再統合するような理解力や判断力をいう。前者は加齢とともに衰退し、後者は成人期を過ぎても伸び続け、努力すれば衰えないとされる。

この例からもわかるように、ある人の有能さを評価するのに、外的な生産性だけを重視することは適当ではない。人の有能さは、他者が勝手に押しつける尺度のみによって測られるものではないし、少なくともその人が現在もっとも得意として、満足しているような内的な位置づけをも含めて見ることが必要であろう。

高齢者人口の量的な増加のみならず、一人ひとりの寿命が延びてゆくなかで、成人後の生き方があらためて問われることとなったのは当然でもあろう。このような状況のもとに生まれた教育老年学を堀薫夫は、エイジングと生涯教育（生涯学習）との対話の学問であると位置づけている。

子どもの場合を見れば、現在の教育的状況では流動性知力につながる記号的意味教育の方向にばかり社会や大人の要望が向けられて、結晶性知力の基礎となる子どもの存在的行為的意味の形成の側面が見過ごされ、貧困な状態に陥っている。それは同様に大人にとっても、人生の意味づけという課題が提起されているものとして受けとることができるのである。

こうして私たちは、人間の生涯にわたる発達という問題の前に立たされることになるのである。

60　第3章　生涯教育の基本問題

3　生涯発達心理学の提唱

　中高年期における発達への注目が、生涯発達という発想を生み出した過程を見てきたが、生涯発達心理学という発想は、大きな転換点となった。研究史の初期には、エリクソンの発達段階論やハヴィガーストの発達課題論、レビンソンのライフサイクル論などのように、年齢によって人生をいくつかの段階や局面に分けていく考え方が支配的であった。

　1970年代までの発達心理学は、ほとんど児童心理学の別名のように扱われてきた。人間の発達に関するテーマは、ほとんどが青年期までに集中し、人生全体を見わたすような理論的な統一は見られなかった。大人を対象とした成人の心理学は、発達心理学の対象とはなっておらず、その名称さえなかったのである。それまでの発達心理学は、統制的な研究のしやすいせいぜい20歳までの発達の資料しか持っていなかった。そこから成人期以降の発達を推測してきたに過ぎない。1980年代後半になると、個人のなかに多様な発達の様相を見ていこうとする、ライフコース研究に着手されるようになる。

　生涯発達という発想は、大人が完成体であるという見方に疑問を呈する。もはや発達は、必ずしも成長や成熟に並行する現象とは限らなくなり、成長や成熟の類義語ではなくなった。それだけでなく成長により実現するものは何かという問いとともに、成長により失うものは何かという問いにも向き合うことになった。成長は社会に適応するためのルーティンの獲得として固定化を生み出す。しかし、その適応をうまく機能させるためには、ルーティンは柔軟でなければならない。人生においてはつねに同じ状況に接するとは限らないからだ。生涯発達という視点に立てば、成長の持つ固定化と柔軟性という相反する力をバランスをとって獲得してゆくことの意味合いをも、明らかにすることができる。

　さらに、実証的な研究からは、成人や高齢者のあり方を積極的に評価できるような成果が次つぎと生み出され、中高年期の持つ「暗い」イメージを払拭するのに大きな力となった。生涯発達心理学の登場によって、成人や高齢者は自信を取り戻すことができたのである。

第1節　生涯発達と教育　　61

　生涯発達の視点とは、単に研究対象とする年齢の幅を広げることではなく、観点の大きな転換なのである。いままで対象にされなかった成人期や老人期を発達的観点という新しい観点で見直すと、発達理論そのものが変わり、それによって「子ども」の見方さえ変わる。子ども観が変わり、また一生涯の発達を見通すことで、親が子どもに配慮すべき内容も変わってくる。そして、生涯にわたって学び続けたいという人間の要求に応えるためには、学校に「学び」を独占させてはならないということにもなり、学校だけで通用するような知識をつめ込むことだけでは納得できなくなるのである。

　生涯発達の視点に立つためには、自分がどのような観点からものを見るかに自覚的になること、そしていくつかの観点を多方向かつ多次元に変化させつつ相対化してゆく複眼の視点を持つことが不可欠である。それはまた、心理学自体をもうひとつ大きな文化的歴史的文脈のなかに位置づけて相対化することでもある。生涯発達という視点に立つと、人間の見方が時間的にも空間的にも広がってくる。したがって、発達を個体に生じる現象としてのみとらえるのではなく、文化や歴史のなかに埋め込まれたものとしてとらえるべきであることもわかってくるのである。

　人間を多様な場と人との関係において生きる存在だとするならば、生涯発達とはその重なり合う関係の意味を繰り返し発見していく過程である。そして生涯発達心理学は、その意味は何かと問い、意味の発見を規定するものは何かを検討するのである。

4　生涯教育・生涯学習へ

　生涯教育や生涯学習の概念は、生涯発達の概念よりも先行して歴史に登場していた。生涯発達は、現時点においては生涯教育や生涯学習よりも、社会的な定着度が低いのである。

　生涯にわたる教育や学習についての発想は、古典的なものとしては哲学や文学として表現されてきた。たとえば『論語』における「君子」の生き方であったり、『エミール』における少年エミールの成長過程などを挙げることができ

よう。これらはいずれも、個人の人格の完成やそのための心構えという次元において語られたものということができる。

　職業生活や社会生活と結びつく成人教育または継続教育は、欧米では19世紀以来の歴史がある。生涯にわたるという発想に基づく制度的な構想としては、初めに「生涯教育」として現れた。1960年代半ばに、ユネスコが公式にこの用語を使用した。提唱者であるラングランによれば、生涯教育のめざすものは次の四つである。

　　①教育には年齢の制限はあり得ないこと

　　②教育の学校独占に終止符を打つこと

　　③「落ちこぼれ」のない教育が実現すること

　　④伝統的教育よりもはるかに一人ひとりの独自性を実現させること

　いずれも、これまで見てきた生涯発達の発想に呼応していることがわかる。

　その後、1980年代には「生涯学習」という用語が用いられて定着するようになる。日本においても、1987年の臨時教育審議会第四次答申の「生涯学習体系への移行」において、生涯学習を政策として進めること、及びその体制についての枠組みが示された。

　ユネスコも臨教審も、急激に変貌する社会においては学校で習ったことが一生通用することはなくなること、またすべての人びとが生涯を通じて教育を受けられる機会を提供すべきこと、そして自己形成を支援することなどの認識を共有している。しかし、これらはいずれも社会への適応という要請に基づいた発想であることに注意しなければならない。人間の学習には、社会への適応ということだけでなく、生きる意味の探究という別の重要な目的をも見出すことができる。人間は、ほぼ一生を通じて優れた学習能力を維持する存在であるが、それは意味を造る過程としての発達というとらえ方から、あらゆる学習経験が、意味ある学習経験であるための潜在力を持っているという理解に裏打ちされたものである。したがって生涯教育は、そうした意味ある学習経験を人間の生涯のさまざまな場面において意図的に編成してゆくいとなみとして位置づけることができよう。

［大島英樹］

第2節　社会教育をめぐる現代的問題　63

第2節　社会教育をめぐる現代的問題——指定管理者制度——

1　指定管理者制度の趣旨と目的

　近年、少なくない自治体において、公民館・図書館等の社会教育施設の運営について、指定管理者制度の導入が進められている。指定管理者制度とは、2003年に、地方自治法に規定する管理委託制度を改正して導入された制度であって、公共施設の運営を「行政より柔軟で合理性にたけた民間団体」に広く開放すること（民間活力の導入）によって、当該施設の運営の効率化を図るという制度である（地方自治法244条の2参照）。

　指定管理者制度が、従来の管理委託制度と異なる主な点は、次の3点である。第一に、委託できる団体が営利企業やNPO等の団体にまで拡大されること、第二に施設の利用料を指定管理者の収入とすることができること（ただし、公共図書館は法律で入館料をとることが禁止されている）、第三に従来の管理受託者が担うことのできなかった施設の使用許可などの行政権限までも担うことである。このように、基本的にはすべての行為が行政の定める規則のなかで行われていた従来の管理委託制度に比べて、指定管理者制度においては日常の運営は基本的に管理者にすべて任されているために、住民ニーズにより合った運営を行うことができると、考えられている。

2　指定管理者制度の現状と課題

　月刊社会教育編集部の調査によると、2006年4月現在、50市町村・約180館の公民館が、新たに指定管理者制度の導入を決定している[1]。加えて同年9月までには、従来の管理委託制度を導入していた施設は、直営に戻すか、指定管理者制度を導入するかの二者択一を迫られたはずであるから、現在ではもっと多くの市町村・施設が指定管理者制度を導入しているはずである。指定管理者制度の導入は今後増えていく傾向にあるといえる。

　指定管理者制度は、第一に、自治体は当初予算に基づき一定の委託料を指定

64 第3章 生涯教育の基本問題

管理者に支払えば、後は管理者の自助努力によって施設運営がなされるから、設置自治体にとっては予想外の支出を防ぐことで経費の節減に役立ち、予算管理の面からも煩雑な事務をおこさなくてもよいという意味で有利な制度であるといえる。第二に、委託は当然に期限が決められているために、受託した団体は、自らの指定管理者としての地位を守るために、他団体とのサービス競争を念頭においた緊張状況につねにおかれるから、管理者に対してより効率的な運営への自己改革の努力（費用対効果の衡量）を永続する動機づけがはたらく。このように同制度は、確かに経済的効率の追求の点からはきわめて優れたものといえる。

しかしながら、上記のような委託料のディスカウント圧力は、指定管理者による事業費、とりわけ人件費の縮減につながり、事業数の逓減や質の低下を招き、労働条件の悪化から専門職の長期的な確保が難しくなる可能性を秘めている。特に、委託期間が限定されていることから、職員に雇用不安が生じ労働意欲を著しく低下させる場合もある[2]。

また、委託期間毎に指定管理者が変わる可能性があるため、その期間を越えた長期的な計画を策定することが著しく困難である。加えて、同一市内の社会教育施設が、別々の指定管理者に委託された場合、施設間の協力・共同関係が難しくなることも予想される。

さらに、受託先の変更は、自治体側のイニシアティブによって行われるだけではなく、受託先のイニシアティブで行われることもある。すなわち、委託料が当該指定管理者の採算に合わないと判断すれば契約の更新が行われないことがあるわけである。その場合、受託者が現れなかった施設の運営はどのようになるのだろうか。受託料の引き上げか、事業内容の切り下げ、施設の廃止につながる危険性を持つ。

注(1) 『月刊社会教育』2006年8月号、4頁参照。
注(2) 一定の委託料から、事業費と人件費を支出しなければならない場合、この二つは相矛盾することが多い。また、委託期間との関係で指定管理者に雇用される職員の多くは期限付任用・非常勤職員であることが多く、きわめて劣悪な状況におかれている場合も少なくない。

第2節　社会教育をめぐる現代的問題　　65

　このようにきわめて不安定ななかで受託を行うのは、地域団体を除いては、変動する委託条件に耐え得る体力とノウハウを持つ比較的大手の企業だけであろうから、受託企業の寡占化が進むことが考えられる。そうなると委託料をディスカウントする仕組みは、市場への参加者が多数存在するときにのみ有効に働く仕組みであるから、将来的には期待した程の委託料節減も進まないのではないだろうか。

　また、このように、委託料に事業内容が縛られ、寡占化によって手法が画一化する可能性を秘めていることから[3]、事業内容の多様化や施設の特色ある運営は、特定の場合を除いて、予想したほど進まないのではないだろうか。

　指定管理者制度は始まったばかりで、まだ十分な展開を見せていないので単純に予想をすることは難しいが、一般に、採算に合うところは営利企業が、そうでないところは地域団体がボランティア的な性格を持って受託するという棲み分けが起こる可能性もある。

3　社会教育をとりまく文化的状況の変容のおそれ

　実は、指定管理者制度の導入は、これまで社会教育を守り育ててきた文化的状況の変容を誘発するおそれも多分に含んでいる。

　第一には、指定管理者制度の根幹には市場化による競争という観点がつらぬかれているため、戦後社会教育を発展させてきた「教えあい」「共同」の文化が壊される可能性があることである。戦後社会教育は、住民と施設職員との共同のなかで、よりよい成果を上げた実践や制度を、施設相互・自治体相互の交流によって共同の財産として積み上げ成長してきた。しかしながら、この制度の導入によって、他施設の運営者は基本的には自らのライバルとなり、他者が有利になる可能性のある情報の提供や手法の交流は行われなくなる可能性が高い。他者が有利になれば自らの存在基盤を揺るがすことにつながるからだ。競

注（3）　複数の施設を受託した企業は、おそらく個別的な施設としてだけではなく受託した施設全体
　　　　での採算を考慮すること、変動する受託施設数・受託条件に対応する人員異動を考慮すること
　　　　等から、受託規格の一定の画一化・マニュアル化が進む。

争における勝利は、自らの力量の高度化とともに、他者の失敗によっても勝ち取ることができる。こうした競争者の間で積極的な交流や協力を望むことは難しい。

第二に、直営から指定管理者への変更は、職員と住民・利用者との関係においても、「職員＝サービスの提供者、住民＝サービスの消費者」という図式を生み出し、職員と住民の共同性が失われる。直営時代には、自治体職員である施設職員と利用者である住民が、当該施設にかかわる地域の要望・課題に共同で取り組むという姿勢（優れた施設職員は、直接に教育文化活動やレクリエーションに係る要望に基づいて、住民と共に当該施設の事業内容を改善すると同時に、その要望のなかから自治体職員としての目で当該地域の課題を見出し、自治体施策に反映すると共に、それを新たな事業内容に組みかえることで、より本質的な住民のニーズに適合した施設運営・地域改善を行ってきた）が崩れる。指定管理者制度の下では、職員は究極的には会社の運営基準に縛られ、その下で許されるサービスを住民に提供することにとどめられるから、公民館運営審議会等の住民参加制度も意見聴取のためのアリバイ的機関に変容させられる危険性さえはらんでいるのである。

4　指定管理者制度の可能性

こうしたなかで、いくつかの自治体では、指定管理者制度を使って施設運営に住民自治の精神を取り入れているところが出てきている。これらの事例は、指定管理者制度を導入するにあたって、経済的効率性を重視した入札競争ではなく、すでにその地域・施設での活動実績のある住民団体に、委託をすすめている事例である。このように意欲ある地域団体が受託先になった場合、住民ニーズとより密接に結びついて施設運営をすすめることが可能であるし、施設職員と地域住民の共同の関係も比較的保ちやすくなるといえる。ただし、このような地域団体が安定して経営を行えるようにするためには、やはり職員の労働条件の改善や事業費の確保が必要であり、経済的効率を優先する指定管理者制度とは矛盾する点も少なくない。

このように、管理者が当該地域の住民とアイデンティティを共有した場合に

は、指定管理者制度が一定の意義を持つ側面も少なくはない。しかし、そもそも自治体は、住民自治の原則を貫くことで、地域住民の意思により直接的・自主的・効率的に地域運営に反映させ、住民意思に基づいた生活・文化・福祉の改善・増進を目的とする団体である。教育・文化活動において、その機能の実質化を図るのではなく、これに重ねて新たに別制度を立てる（いわば屋上屋を架す）ことで対応することが、どのくらい積極的な意味を持つのかは疑問である。いわゆる憲法・教育基本法体制が保障してきた住民自治の意義をふまえるならば、自治体における住民自治を活性化することを本旨としたうえで、指定管理者制度はそれを補う補助的な制度と見るべきであって、経済的効率化を理由に全面的に拙速に導入することは、教育・文化活動における自治体と自治のあり方の否定につながる可能性を持っていることに留意すべきである。

[廣田　健]

第3節　社会教育（生涯教育）の実践

1　社会教育実践小史

　第二次世界大戦を境として、日本の社会教育実践は大きな変貌を遂げたという理解が一般的である。

　碓井正久は、戦前の社会教育の特徴を次の四点に整理している。

　　①官府的民衆教化性
　　②非施設団体中心性
　　③農村中心性
　　④青年中心性

　いうならば、戦後の社会教育実践はこれらの特徴を裏返しにするかたちでの展開がめざされ、1960年代から70年代にかけて一定の到達を見たのである。

　各項目についてその目標と成果について、社会教育の時代を画した重要文書を辿りながら確認してみよう。

　まず、戦前における地方行政、すなわち国家が民衆を教化するということは

なくなったのだろうか。戦後の社会教育の主体は地域住民にあることが、繰り返し語られてきた。1963年の大阪府枚方市教育委員会による「社会教育をすべての市民に」は「枚方テーゼ」と呼ばれ、「社会教育の主体は市民である」「社会教育は大衆運動の教育的側面である」という文言をはじめとして、住民主体を高らかにうたいあげている。

次に、施設よりも団体への指導を重視していた点はどうなったか。これは、社会教育といえばまず「公民館」というほどに、戦後社会教育実践史において公民館の担ってきた役割は大きい。1974年の東京都教育庁社会教育部による「新しい公民館像をめざして」は「三多摩テーゼ」と呼ばれて、「公民館は住民にとっての『私の大学』です」という文言に見られるように、当時の公民館に寄せられた期待の大きさが反映されている。

では、社会教育実践の中心は農村から都市部へと移行したであろうか。これは徹底しなかった。というよりも、社会教育を必要とする場所は、農村か都市かという二者択一ではなく、どちらにも必要とされたということからきている。ただ、職員集団という点から見た場合に、いわゆる農村部を持つ地方自治体において議論の成熟が見られたといえる。「下伊那テーゼ」と呼ばれる、1965年長野県飯田・下伊那主事会の「公民館主事の性格と役割」がその典型である。

最後に、社会教育の対象者は青年ではなくなったのだろうか。確かに、現在の公民館には青年よりも高齢者や主婦である女性たちを多く見かける。しかし、これは意識的なはたらきかけの結果というよりは、社会構造の変化に伴うものであるといえる。戦後の時間の経過とともに高校及び大学への進学率が上昇し、若年労働者が急激に減少していった。その空隙に専業主婦層が入り込み、現在では超高齢社会の進展に伴ってシルバー層が圧倒的に幅をきかせている。

このように、戦後の社会教育実践は確かに戦前と一線を画して、一定の達成を見たといえそうである。しかし、社会教育行政はいま、大きな変化の渦中にある。それぞれの成果に揺さぶりをかけられているのである。

2　社会教育行政の変容

　いま、社会教育が危機であるといわれることがある。しかし、その内容をくわしく聴いてみれば社会教育そのものではなくて「社会教育行政」の危機であることがわかってくる。先の実践上の特徴に対応させてみれば次のように表現できる。

　　①社会教育行政の国家の出先機関化

　　②公民館運営からの撤退

　　③合併の強制による行政サービスの劣化

　　④奉仕活動等を通じた学校教育への介入

　言葉の本来の意味での社会教育は、個々の住民の自由な学習活動であるから、上にあげたような行政上の問題からは一定の距離をおくことができるはずである。しかし、日本の社会教育実践が自治体職員と住民の協働のもとに構築されてきたものであるがゆえに、これらの課題に対して純粋に学習者としての利益に基づく評価がしにくい現状がある。

　2006年12月に改正された教育基本法では、権力による徳目の強制に道が開かれている。それを嫌うならば行政とは無縁に、それこそ「運動的に」学び合うことが社会教育の本来のあり方であろう。

　また、自治体職員の立場からは公民館運営の委託化や指定管理者の導入は受忍できないかもしれないが、学習者には提供される教育サービスの質という視点からの比較検討の余地はあるといえる。

　政府のアメとムチによる自治体合併は一段落したが、影響は余韻のように残っている。合併した自治体間で行政サービスの質に差があれば、合併後の基準が低きに流れるという深刻な事態が、公民館施策においても生じている。

　そして、「学校支援」の名のもとに社会教育行政は子ども・若者とのつながりの回復に躍起となっている。これが奉仕活動の強制等を入り口とした国家の暴力と手を組むことは、一人の保護者として、あるいは住民として、また当事者として阻止しなければならない。

3 成人教育者への期待

社会教育行政の危機がまるで余所事のように、生涯学習の実践は大盛況である。社会教育行政が生涯学習の推進にあずかるものではあっても、ぴたりと重なり合うものではないことがこうした事態からよくわかる。

おもに個人の自己実現を目的とする生涯学習の発想に立つかぎり、一人ひとりの学ぶよろこびに応えることはできても、地域における協働や自治をはぐくむものとなり得ないという批判は可能であろう。しかし、権力の行使によって成人に学習を強制することはできないのであるから、時間はかかっても学習者の成熟を待つしかない。あるいはその成熟を促すはたらきかけを行うということまでであろう。

そのように考えたときに、これまでの社会教育、特に社会教育行政において決定的に欠落していた実践を、いまからでも補うべきである。それは、成人基礎教育の保障と職業教育である。それらは自己実現的な「学ぶよろこび」と対比的に表現すれば「生きるための学び」といえる。

日本固有の事情をいったん傍らにおいて海外に目を向ければ、公的に支援された成人の学習は、基礎教育と職業教育の2点が中心なのである。

日本に暮らす外国人やその家族が増えている現在、日本語による基礎教育をすべての住民に対して保障することは急務であるといえる。公立の夜間中学校は絶対的に不足しており、社会教育実践として取り組まれている自主夜間中学校等を加えてもまだ不十分である。学校教育として成人基礎教育が公的に保障されることが理想であるが、移行的な措置としても社会教育行政において公的に支援されるべきことである。文部科学省は2014年になってはじめて、夜間学級等に関する詳細な全国実態調査を実施した。この結果をうけて、2015年度には夜間中学校のない39道県のうち、希望した7道県に対して設置にむけた調査予算がつき、わずかながら前進がみられた。

職業教育については、労働行政とのすみ分けという歴史的な経緯による制約もさることながら、現代の課題となっているフリーターやニートへの対応が求められる。根本的な解決には、企業等の雇用や賃金の構造を変更しなければな

らず、嘱託や非常勤あるいは委託などに負うところの多くなっている自治体は
まず自らの襟をただす必要があろう。けれども、より本質的な課題としては、
いわゆるフリーターやニートと呼ばれる人びとが一人の地域住民として主体化
してとらえられていない、という点にあることを見逃してはならない。現在、
より切実さを増している貧困の問題についても、成人への教育機会の提供とい
う面から可能な対策もあるはずである。

　成人基礎教育や職業教育を目下の課題として位置づけ得る社会教育行政と、
学ぶよろこびをどこまでも追求してゆく自由な生涯学習は、決して相容れない
存在ではない。むしろ一人の人間において同時に存在し得る欲求であり、それ
を二つながら実現してゆくことこそ生涯発達の視点にも合致する社会教育実践
の目的であるといえる。

　そして、これらの学習要求に応えてゆける存在を「成人教育者」として確立
してゆく必要がある。現在では民間教育施設やNPOをはじめとして、成人の
学習を支援する役割が求められる場がひろがっている。これまで日本において
は、成人の学習に携わる人材の育成は社会教育職員養成として行われてきた。
その蓄積が、自治体行政の枠をこえてより広い現場において活用されるように
なることが、社会教育及び生涯学習の実践を豊かなものとしてゆくに違いない。

[大島英樹]

第4章 教育政策の基本問題

第1節 戦後初期の教育政策

　アジア太平洋戦争に敗北した日本は、大日本帝国憲法（1889年）及び教育ニ関スル勅語（1890年。以下、「教育勅語」という。）に基づく軍国主義的・超国家主義的な政策を改め、平和主義・民主主義及び基本的人権の尊重を柱とする日本国憲法（1946年）のもと、教育については、教育勅語に代わる教育基本法（1947年、法律第25号、2006年全部改正）を制定し、新しい方向を歩み始める。

　ここでは、戦後初期における日本の教育改革と憲法・教育基本法法制の成立に至る過程について考察をしてみよう。

1　否定的措置の段階——1945年

　敗戦後の日本は、占領軍である連合国軍総司令部（GHQ、その実質はアメリカ軍）のもとに新しい方向を歩み始める。教育については、敗戦の年1945年は、占領軍による戦前体制否定の覚書、すなわち、否定的措置（Negative measures）が行われた年であった。具体的に指摘するならば、次のような四大指令が発せられたのである。

　①「日本教育制度ニ対する管理政策ニ関スル件」（10月22日）

　②「教員及ビ教育関係官ノ調査、除外、認可ニ関スル件」（10月30日）

　③「国家神道、神社神道ニ対スル政府ノ保証、支援、保全、監督並ニ弘布ノ廃止ニ関スル件」（12月15日）

　④「修身、日本歴史及ビ地理停止ニ関スル件」（12月31日）

　すなわち、①により、軍国主義教育が禁止されるとともに、この指令にのっとり軍国主義教員の追放、教育と宗教との分離、戦前の教科である修身・日本

第1節　戦後初期の教育政策　　73

歴史・地理の授業停止などの措置が採られたのである。

2　積極的措置の段階——1946年

　GHQ は、アメリカの教育学者からなる使節団を招き、日本の教育を診断さ
せ、「報告書」(1946年3月30日) をマッカーサー司令官に提出させた。このアメ
リカ教育使節団報告書は、「戦後日本の教育改革の構図を引いたもの」(宗像誠
也) と評価されているように、この年から、この報告書にそって、日本教育の
再建が出発することとなる。すなわち積極的措置の段階に入るのである。

　この年8月に設置された内閣総理大臣の諮問機関である教育刷新委員会 (委
員長は当初安倍能成、のち南原繁、以下「教刷委」という。) は、自由主義的知識人を
中心に構成されていた。この教刷委は、自主的・積極的に審議を行い、教育改
革の具体案を次々に提出し、戦後教育改革にきわめて大きな役割を果たした。
その最たるものが、「教育の理念及び教育基本法に関すること」(第1回報告、
1946年12月27日) である。

　この報告に基づき教育勅語に代わる教育基本法が制定されることになるので
ある。

3　憲法・教育基本法制の成立——1947年〜1949年

　戦後日本の教育改革は、戦前における勅令主義を改め、教育立法の法律主義
に基づき着々と実行に移されていった。すなわち、教刷委の数々の報告をもと
に教育基本法をはじめとする戦後教育の柱となる法律が制定され、施行される
こととなったのである。

　たとえば、学校教育に関しては学校教育法 (1947年) や私立学校法 (1949年)
が、教育行政に関しては教育委員会法 (1948年) や文部省設置法 (1949年) が、
教師に関しては教育公務員特例法や教育職員免許法 (ともに1949年) が、社会教
育に関しては社会教育法 (1949年) が制定され、いわゆる憲法・教育基本法法
制の骨格が形成されていったのである。

　また、法律ではないが、子ども関連法のひとつの解釈基準ともいうべき児童

74　　第4章　教育政策の基本問題

憲章も制定された（1951年5月5日）。

　かくして、戦後教育改革は、教育における地方自治の原則にのっとり順調に展開していくかに見えたが、戦後世界における米ソ対立を背景とする朝鮮戦争の勃発を直接的な契機として、日本の再軍備が進行することによりその雲行きが怪しくなっていくのである。　　　　　　　　　　　　　　　　　　　　［浪本勝年］

第2節　戦後教育政策の背景と展開

1　朝鮮戦争と日本における再軍備の進行

　ソ連の原爆保有宣言（1949年9月）、中華人民共和国の成立（1949年10月）、朝鮮戦争の勃発（1950年6月）などの世界の情勢の変化に伴い、アメリカは日本を「共産主義の防壁」とみなし、日本の再軍備を強く要請するようになった。アメリカからの再三の要請に押され日本政府は、警察予備隊設置（1950年8月）、保安隊・警備隊に改組（1952年10月）、自衛隊法・防衛庁設置法公布（1954年6月）、陸上・海上・航空自衛隊の発足（同年7月）と再軍備を進行させた。

　このような政府の政策は、教育のあり方に強い影響を与えた。たとえば、池田・ロバートソン会談（1953年10月）[1]では、教育を通して自衛の観念を啓蒙することが要請された。こうして日本国憲法や教育基本法の理念を空洞化し、教育の国家統制、教育行政の中央集権化という戦前・戦中の教育・教育行政へ回帰するような政策の導入、いわゆる「逆コース」が始まるのである。

　日教組（日本教職員組合）はこうした政策に反対し、自主的教育の確立、生活や権利の維持のための運動を進めた。しかし文部省は、教職員組合のこのような運動を偏向思想とみなし、「24偏向教育の事例」を国会に提出（1954年3月）するとともに、「正常な学校運営の確保について」との通達（1954年3月）を発するなど、継続的に教職員組合の運動を封じ込めようとした。

　また政府は1954年、教職員組合の活動は特定の政党の支持・反対の教唆・扇

注（1）　宮沢喜一『東京―ワシントンの密談』実業之日本社、1956年。

動であり教育基本法8条（政治教育）に抵触すると批判し[2]「義務教育諸学校における教育の政治的中立の確保に関する臨時措置法」を制定した。また、同時に公立学校の教員には国家公務員と同等の政治的行為の制限を適用することを企図して「教育公務員特例法一部改正法」を制定した。教職員組合の政治的行為を不当に統制しようとしたのである。

2　政党や実業界・産業界の教育介入

　1950年代前半にはすでに、政党や実業界・産業界がそれぞれのあるいは共通の利益を求めて教育に介入し、教育の専門的自律性・自主性は侵され始めていた。政府は与党の意向を教育に反映させるために、学者文相制（天野貞祐まで）を廃し、党人文相制（岡野清豪、1952年8月、文相就任）を採用した。また、政令改正諮問委員会（吉田茂内閣の私的諮問機関）、日経連（日本経営者団体連盟）教育部会などは実業界・産業界の意向を盛りこんだ要請を提出し、教育のあり方に影響を与えた。文部大臣はその諮問機関である中央教育審議会（1952年設置）に実業界・産業界からの委員を任命したので、これらの意向が答申に影響を与えた。

　実業界・産業界は、日本の経済発展に資する「人材」を学校教育で養成することを目的として、学校教育制度の複線化、学校教育の職業訓練機関化を図った。戦前の複線型学校体系が教育の機会の不均等や学校卒業後の階層を生み出した歴史を反省し、戦後は単線型学校体系が採用された。しかし、高校の場合は戦後直後、「高等学校設置基準」（1948年制定）において普通教育を主とする学科と専門教育を主とする学科に分けられ、後者では職業訓練が重視された。経済の高度成長期には実業界・産業界は学校における即戦力養成を要望し、政府はその要望を満たすために、1962年に5年制高等専門学校を発足させた。

3　地方教育行政の中央集権化（地教行法の制定）

　教育行政の地方分権の理念に基づき1948年に教育委員会法が制定された。そ

注（2）　「義務教育諸学校における教育の政治的中立の確保に関する臨時措置法」提案理由『第19回国会衆議院文部委員会議録』第9号、1954年2月26日『官報』号外、2頁。

76　　第4章　教育政策の基本問題

こでは、教育委員は公選による選出、教育長は教育職員の免許状を有する者（この免許状は1954年に廃止）のうちから教育委員会が任命、とする方法が採用されていた。しかし、政府は1956年、教育行政の中央集権化を図ることを目的に、国会に警官隊を導入した強行採決により、教育委員会法を廃止する「地方教育行政の組織及び運営に関する法律」（地教行法）を成立させた。この地教行法では、①委員の任命制、②教育長の任命承認制、③是正措置要求条項などが導入された（ちなみに②、③は1999年7月の改正により廃止。是正措置については、2007年6月の法律改正で復帰）。これにより、教育行政の中央集権化が進行したのである。

　地教行法の施行により教育長、校長の学校管理権が強化され、教員に対する勤務評定が行われるようになった。愛媛県教委は1956年、赤字財政対策として、勤務評定による昇給昇格実施方針を決定、強行しようとし、愛媛県小中校長会と愛媛県教組がこれに抵抗した。文部省はこの愛媛県勤務評定をきっかけとして、勤務評定を全国に導入することを計画し、都道府県教育長協議会に勤務評定試案を了承させ、1958年勤務評定を実施させようとした。都教組（東京都教職員組合）はこれに抗して10割休暇闘争を行った[3]。この闘争について最高裁は、被告（教職員）の地方公務員法違反に関して無罪判決（1969年）、懲戒処分に関しては都教組側の上告棄却判決（1977年）を言い渡した。

4　教育内容に対する国家統制の強化

　文部省は、学習指導要領の法的拘束化、全国一斉学力テストの実施、道徳の時間の特設、教科書制度に関する文部省の管理強化を通して、教育内容に対する国家統制の強化を図った。

（1）　学習指導要領の法的拘束化

　戦後当初に文部省は、学習指導要領を「試案」として発行（1947年発行、1951年改訂）したが、1958年の改訂ではこれを官報に告示として公示して、これを

注（3）　宗像誠也・国分一太郎『日本の教育―"教育裁判"をめぐる証言』岩波書店、1962年。日本教職員組合『日教組50年史』労働教育センター、1997年、241～242頁。

第2節　戦後教育政策の背景と展開　　77

もって、学習指導要領に法的拘束力を付与したと主張した。そして全国一斉学力調査によりその徹底をはかることを意図して文部省はこの学習指導要領の中学校施行（1962年4月）に先立つ、1961年10月、中学校2・3年生全員を対象に全国一斉学力調査を実施した。教職員組合は、学習指導要領に拘束力を持たせ、学習指導要領にのっとった学力の定着状況を全国一斉学力調査（学力テスト）で測ることは、教育内容の国家統制であると反対し、また学校間・都道府県間での競争が過熱することを懸念して、全国各地で抵抗運動を展開した。

　こうした一連の教職員組合による学力テスト反対闘争は地方公務員法違反などとして、刑事訴追をうけることとなり、いわゆる「学テ裁判」が全国各地で進行することとなった。最高裁大法廷学テ判決（1976年5月21日）は、学力テストは合憲としたものの、子どもの学習権を容認するとともに学習指導要領は教師に教育内容を強制するものではなく、大綱的な基準の設定にとどまるもの、との判断を示した[4]。学力テストは、1966年を最後に中止になり、その後は学習指導要領改訂のために抽出方法で行われるにとどまった（2007年に復活）。

　1958年初めて「国旗掲揚・君が代せい唱」の文言が学習指導要領に登場した。文部省はその後も、学校における「国歌・国旗」の取り扱いを学習指導要領改訂のたびに強化していった。「国旗及び国歌に関する法律」（1999年8月公布）の40年も前から、文部省は学校行事などを通じて日の丸掲揚、君が代斉唱を慣習化させる機会として学校を用いていたのである。

　戦前の修身は敗戦後、GHQの指令「修身、日本歴史及び地理停止ニ関スル件」（1945年12月）により授業停止とされ、その後は道徳の教育は学校教育活動全体を通して行うことを方針としていた。しかし文部省は小・中学校学習指導要領道徳編の告示（1958年8月）を経て、道徳の時間を同年9月より、特設した。教職員組合は道徳特設に反対し、道徳指導者講習会阻止など、闘争を展開した[5]。文部省・文部科学省は実際、道徳の時間は愛国心など政府が次世代の子

注（4）　「最高裁判所大法廷判決」（1976年5月21日）『判例時報』1976年7月11日号（814号）、41～44頁。
注（5）　日本教職員組合『日教組50年史』労働教育センター、1997年、281～282頁。

78 第4章 教育政策の基本問題

どもたちに涵養したい徳目の機会ととらえ現在に至るまで（2002年の文部科学省による道徳用副教材『心のノート』の作成・配布などを含む）、道徳教育・徳育の強化を推進し続けているのである（2018年から「特別の教科」として道徳の時間の設置予定）。

（2） 教科書制度に関する文部省の国家統制

　敗戦後、戦前の国定教科書制度が廃止され、検定制度が学校教育法制定により復活した。当初は地方教育行政機関による検定が想定されていたが、学校教育法・教育委員会法等の一部改正法（1953年公布）により、文相が教科書検定権を独占することとなった。日本民主党が1955年『うれうべき教科書の問題』を発行したことを契機に、翌年政府は教科書検定制度を強化すべく教科書法案の制定を図ったが、審議未了で廃案に終わった。しかし、文部省は行政措置として常勤教科書調査官（当初40人）を設置し、教科書検定の強化を図った。

　日本国憲法や教育基本法の理念である平和と民主主義を基調とした教科書執筆に取り組んでいた歴史学者・家永三郎（『新日本史』三省堂）は、教科書検定を違憲・違法として国（第一次訴訟1965年）や文部大臣（第二次訴訟1967年）を相手どって提訴した。第二次訴訟第一審（東京地裁）・杉本判決（1970年）[6]は、日本国憲法や教育基本法の理念を明確に示し、前述の最高裁大法廷学テ判決など、その後の教育裁判の判断に大きな影響を与えた。

　家永三郎が第三次訴訟を提訴した（1984年）背景には、1980年頃からの第二次教科書攻撃（平和を訴える文芸作品を攻撃）があった。当時は日本企業のグローバルな経済活動がさかんになってきた時代で、戦時中の日本の加害を隠蔽することを要請するような検定のあり方は、国際的にも批判を浴びた。これをかわすために日本政府は1982年11月、教科書検定基準の改正を行い、いわゆる近隣諸国条項を設定した。しかしながらその後も、近隣諸国に配慮を欠いた教科書が検定合格[7]するとともに、こうした教科書を支持する一部の教育委員会の強引ともいえる採択が行われた。

注（6）　「第2次教科書訴訟・第1審東京地裁判決」（1970年7月17日）『判例時報』1970年10月15日号、604号臨時増刊、47〜48頁。

第2節　戦後教育政策の背景と展開　　79

　教科書採択に関しても戦後直後は、都道府県教育委員会が教科書展示会を開催し、教員がそれに参加して教科書を採択することを文部省は奨励していた。しかし「義務教育諸学校の教科用図書の無償措置に関する法律」の制定（1963年）により、広域統一採択制度を導入することで、実質的には教員の教科書採択権を剥奪した。これは教員はその専門性に基づき教科書採択などについて不可欠な役割を与えられるべきであるとするILOユネスコ「教員の地位に関する勧告」（1966年）と教育条理に反するものであるということができよう。

5　臨教審答申以降の教育政策

　中曽根康弘内閣は、臨時教育審議会設置法（1984年8月、3年間の時限立法）を公布、総理府内に内閣直属の諮問機関（臨教審）をおいた。臨教審は、教育改革に関して4回、答申を提出した。これらの答申内容をもとに、文部省は教育職員免許状制度、教科書検定・採択制度、高等学校や大学・大学院に関する制度の改正、初任者研修制度の導入、生涯学習の推進などを行った。臨教審答申の柱のひとつに「個性重視の原則」（第四次答申第2章「教育改革の視点」参照）がある。答申は、「個性重視の原則」とは、「画一性、硬直性、閉鎖性を打破して、個人の尊厳、自由・規律、自己責任の原則、すなわち『個性重視の原則』を確立することであるとしている」が、実質は、教育基本法10条2項に定められている国の教育行政の責任（国民の教育権を保障するための諸条件の整備確立）を放棄し、市場経済の競争原理を導入することを図ったものである。現在、「学校設置の自由」や「学校選択制度」などが実際に導入されており、「教育の経済格差」や「個性の名のもとでの差別化教育」の問題が生じていることから考えると、臨教審が提案した理念の問題性が露出したといえよう[8]。なお、浪本勝年『教師と教育改革』第1章「臨教審『教育改革』を考える」は、臨教審の主

注（7）　『新編日本史』（「日本を守る国民会議」主導、原書房、1986年検定合格）、『新しい歴史教科書』（「新しい歴史教科書をつくる会」主導、扶桑社、2001年検定合格）。

注（8）　浪本勝年『教師と教育改革』エイデル研究所、1985年、の第1章「臨教審『教育改革』を考える」28〜38頁。

80　第4章　教育政策の基本問題

張する「教育の自由化」の問題点に関し当時、現在の姿を予見しており、興味深い。

　小渕恵三首相の私的諮問機関である教育改革国民会議は、2000年『報告―教育を変える17の提案―』を提出した。道徳や奉仕活動の推進による子どもの心の管理、教育振興基本計画による教育の国家統制、市場経済の競争原理の導入など、臨教審の提案の延長線上にあると思われる理念が、提言された。文部科学省は翌年、教育改革国民会議報告の内容をそのまま採用、「21世紀教育新生プラン」を発表した。

　教育改革国民会議は同報告において「教育施策の総合的推進のための教育振興基本計画や「新しい時代にふさわしい教育基本法」を提言した。遠山敦子文部科学大臣は2001年11月、中教審にこれらについて諮問、中教審は2003年3月、答申を提出した。これをきっかけに政府・文部科学省は国民主体の教育から政府・文部科学省主導の教育に変える土台作りを目的に、戦後の教育理念を定めた根本法である教育基本法改正を強引に推し進め、これが教育基本法全部改正（2006年12月公布）へとつながっていくのである。　　　　　　　　［佐伯　知美］

第3節　今日（現代）の教育政策

1　学校選択制をめぐる問題

　現代の教育政策の論争的なテーマとして学校選択制がある。日本の自治体でも学校選択制を導入しているところ、していないところと判断が分かれている。ここでは、学校選択制についての理論と実際の政策について、日本の事例にも触れながら考察したい。

（1）公立学校と市場原理

　学校選択とは、幼児教育から高等教育に至るまで、公立や私立のどの学校を選ぶべきか誰もが直面する問題である。それは広義の教育選択であり、子どもや青年の進路選択であり、人びとの生き方にかかわる問題でもある。しかし、

ここでの学校選択とは主として義務教育段階の公立学校の選択政策をさす。義務教育段階の選択制度は公教育全体への影響の大きい特別な問題である。

　先進諸国で学校選択が注目され始めた1970年代は、各国で戦後の福祉国家体制の「見直し」が進められた時期と重なる。政府が積極的な財政政策を通じて国内の雇用や社会福祉の充実をはかる福祉国家体制に対し、市場競争の強化や行政のスリム化、財政の健全化を標榜する「小さな政府」論の政治思想が台頭し（『新自由主義』）、各国の政治を新たに主導した。新自由主義の立場からすれば、国家が教育専門職の公務員を雇用し、学校を組織し、国内隅々への平等な教育の普及を目指す公立学校制度は福祉国家体制の象徴であり、そこでの教育は供給者側に競争原理が働かない「質の低い商品」とみなされる。一般の商品市場同様、教育にも競争原理を働かせ、質と効率性を高める必要がある。経済学者 M. フリードマンが提唱した「教育バウチャー」制度はこの発想を具体化するもので、次のように説明される。公立学校の維持に必要な公教育費の総額を公立学校の生徒総数で割り、一人あたり教育費を算出する。これを「教育バウチャー」（教育用クーポン券）として生徒に配布し、生徒は、選択したい公立や私立の学校にこれを授業料として支払う。学校は学校経営の財源獲得のため「教育バウチャー」をめぐって競い合う。「教育バウチャー」の特徴は公教育費の形態を維持しながら公立学校を競争市場に引き込むところにある。

　　（2）　公教育の公共性

　公立学校を競争に引き込む教育政策は、80年代以降、英語圏諸国で展開する。通学区域の撤廃、教育バウチャー、教育行政当局に特別な「認可」を受け、生徒がもたらす公費の授業料で学校経営を行う選択学校（「チャーター・スクール」）などである。

　しかし、競争によって公教育の「質の向上」を図る手法には有力な批判があり、ひとつは、憲法的な公教育原則である「教育の機会均等」からの批判である。教育の機会均等は単純な概念ではないが、義務教育では、子どもの心身や家庭環境の差異にかかわらず、平等な教育の保障が目標とされよう。公立学校

82　　第4章　教育政策の基本問題

は質の平等な教育をあまねく保障することが重視されるが、競争原理の導入は、学校の財政・規模・教育内容などに格差をもたらし教育環境を不平等にする。次世代市民の育成という社会の重要な機能を市場競争という不安的な制度に委ねるべきではない、と。また、民主的社会の「社会統合」の価値からの批判も有力である。民主的社会の理想は、すべての人を、人種、民族、性、宗教、思想などの差異にかかわりなく共同社会の平等な構成員として統合することにあり、人種、民族、ジェンダーなど各種の差別は不正義とみなされる。学校選択は、アメリカ社会で深刻な人種分離問題のように、子どもの学ぶ環境をさまざまなカテゴリーに分断する危険がある。子どもたちが社会統合の理想を学ぶ場である地域の公立学校を、人びとの好みや忌避によって分断してはならない、と。これらは公教育の公共性の観点からの批判であるが、学校選択はこの公共性を弱め、ひいては将来の民主的社会の基盤を掘り崩すという。

　英米圏では、学校選択の導入後、上述の「効果」(「質の向上」)や問題(格差や分離)についての実証的研究が続けられている。結論はなお論争的ではあるが、後者の、格差や分離問題については悲観的な見方が多い。家庭の選択行動は、概して人種や経済階層、保護者学歴など家庭の社会的経済的背景の差異に従い分化するとの報告が多い[1]。

（3）　新しい教育関係の媒介としての選択

　しかし学校選択論には競争原理を正当化の直接の根拠としない擁護論もある。教育を受ける側(子どもや保護者)の利益を重視し、教育を提供する側(学校や行政)との新しい関係を形成する手段として、選択の有効性を主張する議論である。一般に公立学校とは、政府が行政組織や教育専門職組織を通じて一元的に教育を管理する仕組みだが、この仕組みが、例えば、政府与党による教育支配(教育統制)の問題や、固有の利害を持つ官僚や教職員組織に由来する学校の「官僚化」「閉鎖性」「非応答性」などの社会問題を招くことは知られている。

注(1)　参考：J. ウィッティ『教育改革の社会学』東京大学出版会、2004年。

これらの問題に対する個々の保護者や子どもの立場は弱いが、彼ら教育を受ける側に選択の権利を与えることでその立場を強化し、さらには、従来の公立学校の仕組みでは困難な、家庭と教育専門職とのより対等な協力関係に基づく自由で多様な教育関係（学校）を形成する制度条件として選択を利用しようという議論がある。この種の選択論は、選択が単なる競争市場の手段とならぬようさまざまな制度的「規制」を設け、教育の公共性の保持に関心を払う。この点、競争の効果に依拠する選択論が市場への「規制」の撤廃を目指すのとは対照的である。具体的にはたとえば、教育行政の積極的な経営機能や学校支援機能をはじめ、選択学校入学者の多様性の維持や入学の抽選制、特別な教育ニーズを有する子どもや社会的困難層の子どもの選択の優先措置などがあり得る。もちろん、こうした理念の実現のための制度構想の困難や、社会的不利への配慮がなされても選択の否定的機能は相殺されないという批判は説得力があるが、しかし、自由で多様な教育と、教育の平等の両立を模索する試みは無意味ではないであろう[2]。

（4）　日本での学校選択制度

　日本の学校選択は、90年代後半の通学区域指定の緩和政策を端緒に広がりを見せ、00年以後、さまざまな選択制度が地方自治体で導入されてきた。文部科学省の調査（12年）によれば、「選択制」（特認校型を含む）を導入した自治体は小学校では04年8.8％から12年15.1％へ、中学校では11.1％から15.6％へと増加傾向にある。東京都では区部を中心に約半数の自治体が選択制であり、大阪市では15年にほぼ全区が導入を決めた。しかし全国の状況では、00年代の急増のペースは10年代に抑制され、近年は微増にとどまる。

　ここでは日本の事例として東京都区部の学校選択を概観するが、そこにはいくつか類似した特質がある。第一に、教育内容はほぼ従来通りの既存の公立学校での選択であること、第二に、「学力テスト」の実施と結果の公開があること、

注（2）　参考：J. E. クーンズ／S. D. シュガーマン『学校の選択』玉川大学出版部、1998年、黒崎勲
　　　『教育の政治経済学』東京都立大学出版会、2000年。

84　　第4章　教育政策の基本問題

第三に、学校の統廃合政策を伴うことなどである。教育内容では、家庭の選択基準を作るために学校の「特色化」が行政に奨励されている。しかし自治体の学力テストの結果の公開などにより教育活動に一定の制約が働き、ある限定された教育内容に沿った学校間競争が形成されるようである[3]。加えて学校の統廃合政策があるため、選択により小規模化した学校が統廃合される例もかなり見られ、教育の多様性を積極的に維持しようという政策意図は弱い。

　他方、家庭の選択の動態にも共通した傾向がある。まずは、「特色」という学校の公式な教育内容が選択基準としてさほど重視されてはおらず、むしろ目立つのは統廃合の心配もあってか小規模校が忌避され規模の大きな学校が好まれる傾向、また学校の施設設備の新しさや充実ぶりが好まれる傾向など、学校の外形的な特徴の影響の大きさである。教育内容にかかわっては、伝統的に「評判がよい」など学校の地域性や階層性の評価と関連する側面で選ばれる傾向がある。反対に、「荒れ」「いじめ」などの問題が生じた学校は長く忌避されたりする。さらに、学力テストの成績上位校と人気度との相関が、特に中学校において観察されている。総じて、選択により生じた学校の人気・不人気の地位には固定化傾向が見られるようである[4]。

　上記の動態からすると、現行の学校選択制度は、地域や人びとの階層性に沿った学校の分化や序列化、忌避された学校の統廃合を進める可能性は高い。各自治体が現行の学校選択制度を継続させるとすれば、学校間に生じる諸条件や学力等のさまざまな「格差」の状況の把握と、公共性の観点からの格差是正政策の充実が求められるであろう。

　なお、日本での学校選択制度は岐路に立っている[5]。政府の第2期『教育

注（3）　選択制度を実施する足立区で、学力テスト結果「改善」をもくろむ学校現場の不正が発覚し問題化した（07年）。

注（4）　参考：久冨善之他『学校選択の自由化を考える』大月書店、2000年、嶺井正也他『転換点にきた学校選択制』八月書館、2010年。

注（5）　近年、学校規模の偏りや地域との関係の希薄化等の問題により、選択制の廃止（前橋市、杉並区）や選択範囲の制限など（江東区、長崎市、板橋区）見直しを行う自治体が出てきている。文科省調査（12年）では学校選択制の「導入を検討中」と回答した自治体は小学校では06年33.5%から12年1.7%へ、中学校では06年36.3%から12年1.4%へと減少している。

振興基本計画』（13年）では、第1期に「取組を促す」として言及されていた学校選択制度は消え、学校と地域社会の連携を目指す「コミュニティスクール」の拡大は強調されている。自治体の教育政策への影響力を強化された首長たちが、学校選択制度とどのように向き合うのか、その動向が注視されるところである。　　　　　　　　　　　　　　　　　　　　　　　　　　　　　　　　[深見　匡]

2　市民性育成の教育をめぐる問題

　近年、日本や英国を含む世界各国における教育政策において、市民性（シティズンシップ）の育成が注目されている。英国（イングランド）では、2002年度から中等学校で、市民性の育成をねらいとするシティズンシップを必修科目としており、国レベルでの取り組みを進めている。日本では、たとえば東京都の品川区が2006年度から、区内のすべての小・中学校で市民性の育成をねらいとする市民科学習を実施しており、市区町村レベルでの取り組みが進められている。また、都道府県レベルのものとして、神奈川県教育委員会の取り組みがある。神奈川県では2010年7月に行われた参議院議員通常選挙に合わせて、全県立高校で模擬選挙を実施した。そのうえで、2011年度から、全県立高校でキャリア教育の一環として、社会参加のための能力と態度を育成するシティズンシップ教育に取り組んでいる。

　日本の国レベルでは、まず2006年3月に、経済産業省の「シティズンシップ教育と経済社会での人々の活躍についての研究会」から教育政策の提言という形で報告書が出されている。報告書の趣旨は、英国や品川区の事例を参考にしつつ、日本でもシティズンシップ教育を広く導入していくべきだというものである。2012年1月には総務省の「常時啓発事業のあり方等研究会」の最終報告書が公表された。その趣旨は、これからの常時啓発はシティズンシップ教育の一翼を担うものとなるべきであるというものである。より具体的には、社会に参加する意欲を高めるとともに、国や社会の問題を自ら考え、自ら判断する政治的リテラシーを向上させる主権者教育となるべきだというものである。

　文部科学省も、市民性教育やシティズンシップ教育という用語そのものは必

ずしも用いていないものの、実質的に市民性育成の教育の推進と位置づけられる政策を導入しつつある。たとえば、2014年11月に下村博文文部科学大臣（当時）は中央教育審議会に「初等中等教育における教育課程の基準等の在り方について」諮問している。諮問は、高等学校の教育について、平成30年6月から国民投票の投票権年齢が満18歳以上になることや、（当時）国政選挙及び地方選挙の選挙権年齢の引き下げが検討されていたことを踏まえ、「国家及び社会の責任者となるための教養と行動規範や、主体的に社会に参画し自立して社会生活を営むために必要な力を、実践的に身に付けるための新たな科目等の在り方」を検討することを求めている。諮問を受けて、2016年1月現在、中央教育審議会は高等学校の公民科における共通必履修科目として新科目「公共（仮称）」の設置を検討中である。そして、新科目をキャリア教育の中核となる時間として位置づけることも検討している。

2015年6月19日に公職選挙法等の一部を改正する法律（平成27年法律第43号）が公布され、選挙権年齢は満20歳以上から満18歳以上に引き下げられた。選挙権年齢の引き下げに対応するため、文部科学省は総務省と連携して、高校生向けの副教材「私たちが拓く日本の未来——有権者として求められる力を身に付けるために」を作成し、ホームページで公表するとともに、全国のすべての高校生に配布した。副教材は選挙の実際や政治の仕組みを解説するだけでなく、話し合い、討論の手法を紹介し、模擬選挙、模擬請願、模擬議会といった参加実践型の学習活動を促すものとなっている。また、選挙活動を行う上での注意点等をQ&Aの形で掲載している。

文部科学省はまた、2015年10月29日に「高等学校等における政治的教養の教育と高等学校等の生徒による政治的活動等について（通知）」を発出している。通知は、政治的教養の教育に関して、「現実の具体的な政治的事象も取り扱い、生徒が有権者として自らの判断で権利を行使することができるよう、より一層具体的かつ実践的な指導を行うこと」を求め、模擬選挙や模擬議会といった現実の政治を素材とした教育活動を推奨している。また、「多様な見方や考え方のできる事柄、未確定な事柄、現実の利害等の対立がある事柄等を取り上げる

第3節　今日（現代）の教育政策　　87

場合には、生徒の考えや議論が深まるよう様々な見解を提示することなどが重要である」とも指摘している。以上の通知の内容は、英国のシティズンシップ教育の政策とも合致するものであり、今後、日本において現実の論争的な問題を取り上げて議論する授業を推進する上で助けとなり得る。ただし、通知は教育基本法14条2項「法律に定める学校は、特定の政党を支持し、又はこれに反対するための政治教育その他政治的活動をしてはならない。」を引きつつ、学校の政治的中立を確保するため、「教員は個人的な主義主張を述べることは避け、公正かつ中立な立場で生徒を指導すること」と述べている。教員に公正かつ中立な立場を求めることには十分に理由があるものの、教員が個人的な主義主張を述べることを一律に禁止することまでは、必ずしも必要とはいえない。たとえば、英国の1996年教育法は、406条で「公立学校でのいずれかの教科の授業において特定の党派に偏った政治的見解を宣伝すること」を禁止しつつ、407条では政治的問題を取り上げる際に「対立する見解についてのバランスのとれた説明が生徒に与えられる」ことを求めている。教員が個人的な主義主張を述べることを一律に禁止はしていない。

　さて、現代の日本や英国の教育政策において、市民性（シティズンシップ）という言葉は、模範となる理想像、市民のあるべき姿を指すものとして用いられている。もう少し具体的には、民主的社会の形成者たる市民として備えておくべき資質能力や、政治や社会活動、地域活動などに積極的に関与することを意味している。ただし、市民性教育の名前でさまざまな教育プログラムが提唱され、実施されているため、育成すべき市民性の中身についてもさまざまな見解が出されているのが現状である。以下では、日本における市民性教育の先進的な取り組みのひとつである品川区の市民科学習を取り上げることにする。

　品川区は、市民科という新しい教科を開設することについて、以下のように説明している。すなわち、「本区では『市民』を広く社会の形成者という意味でとらえ、社会の構成員としての役割を遂行できる資質・能力とともに、確固たる自分をもち、自らを社会的に有為な存在として意識しながら生きていける『市民性』を育てる学習として」、市民科を設置することにした、と[1]。また、

88　　第4章　教育政策の基本問題

品川区は市民科のねらいについて、「自らの在り方や生き方を自覚し、生きる筋道を見付けながら自らの人生観を構築する基礎となる資質と能力を育成する」ことだとも説明している⁽²⁾。こうした説明にあらわれている市民性は、単に民主的社会の形成者に必要な資質能力のみならず、個人の生活に関する事柄も含まれており、範囲の広いものになっている。そのため、同じく市民性の育成をねらいとする教育であっても、品川区の市民科と英国のシティズンシップとでは違いがある。英国のシティズンシップでは主に社会的、公共的な問題を取り扱うのに対し、品川区の市民科では個人の生活に関する事柄も重視しているわけである。

品川区の市民科のねらいが広い範囲のものとなっている理由は、市民科という教科が、従来の道徳や特別活動、総合的な学習の時間を統合する形で開設されているからである。例えば、確固たる自分をもつことや、自らの生き方を自覚することは、従来、道徳や特別活動のねらいとされてきた。品川区では、こうしたねらいを達成するためには従来の道徳や特別活動では不十分であるとして、教師がより積極的に指導性を発揮するとともに、児童生徒が学習内容を生活のなかで実際に活用することを重視するために、市民科を設置したとしている。

日本では学習指導要領によって教科や学習内容、授業時間数が決められているため、都道府県や市区町村、さらには学校や教員の判断で自由に市民科という新教科を開設し、市民性育成の教育を実施するわけにはいかない。そこで、品川区では市民科を設置するにあたり、2003年8月に構造改革特別区域研究開発学校設置事業における小中一貫特区の認定を受け、学習指導要領等の基準によらない教育課程の編成・実施が可能になった（なお、構造改革特別区域研究開発学校設置事業は2008年4月からは教育課程特例校制度として手続きが簡素化されている）。

品川区では区内すべての小中学校で9年間の一貫教育を行うため、独自のカリキュラムを編成し、「品川区小中一貫教育要領」として公表の上、2006年4

注（1）　品川区教育委員会『小中一貫教育要領』講談社、2005年、21頁。
注（2）　同上、196頁。

月から全区で実施している。国の学習指導要領をベースにしながらも、小学校で英語科を導入したり、小中学校で道徳、特別活動、総合的な学習の時間を削除の上、三つを統合したものとして全学年で市民科を行うなど、規制の特例措置を大いに活用している。そのため、市民科に費やす時間も、第1学年から第4学年までは年85時間、第5学年から第9学年までは年105時間と、週あたり2時間から3時間が確保されている。ただし、国の学習指導要領で道徳、特別活動、総合的な学習の時間を合わせると、小学校第3学年から第6学年までは年140時間、中学校第1学年で年120時間、中学校第2学年と第3学年で年140時間となっており、品川区が市民科に費やしている時間数よりもずっと多い。品川区は残りの時間を基礎学力の向上などに費やしているようであり、市民性教育の導入と学力向上策とが教育政策上でセットとなっていることには注意が必要である。

　市民科では複数の時間からなる単元学習を行うことになっており、しかも全教員が担当している。市民科を円滑に進めるため、1・2年生用、3・4年生用、5・6・7年生用、8・9年生用の4冊の教科書と教師用の指導の手引きを作成して使用している。教科書を見ると、単元のテーマは「『正しい行動』って何だろう」、「説得力を身につけよう」、「生き方の座標軸」などさまざまである。いずれの単元も、①課題の発見、②正しい事実や価値の認識、③技能のトレーニング、④日常での実践、⑤まとめ・自己評価というステップから構成されており、児童生徒が知識や技能を実際に活用していけるようにすることを重視している点は共通している。

　以上の品川区の取り組みは小中学校段階のものだが、今後は選挙権年齢の引き下げを踏まえて、高等学校段階での市民性育成の教育が国レベルの教育政策で推進されていく可能性が高い。教育関係者は今後の展開を批判的に検討していく必要がある。　　　　　　　　　　　　　　　　　　　　　　　［片山勝茂］

90　　第4章　教育政策の基本問題

3　新教育基本法とそれをめぐる教育政策

（1）　新教育基本法の問題点

　教育の論理、教育条理をよく踏まえて制定されたと考えられる教育基本法（1947年公布、2006年全部改正。以下、「旧法」ともいう）は、政治家を中心とする一部保守的勢力から、内容がコスモポリタンである等々さまざまな批判を浴びてきた。しかし、多くの国民や教育界からの積極的な支持の下に、長期にわたり条文そのものの「改正」は避けられてきた。特に旧法10条（教育行政）は、学校教育の教育内容への権力的な介入に対する歯止めとして機能してきた。

　新たに制定された教育基本法（2006年公布、以下「新法」ともいう）の直接的な引き金は、小渕恵三首相が2000年に設置した教育改革国民会議の「報告」（同年12月22日）にその源を有するといってよい。次のページの表1は、「新教育基本法の成立に至る主な動向」を一覧表にしたものである。

　筆者は、政府が2006年4月28日に閣議決定し、ただちに国会に提出した1947教育基本法「改正」法案を一読して驚いた。本当にこのような無謀な法案を国会に提出したのかと。

　新法案は、十分な審議、とりわけ逐条審議などなされることなく国会で多数を占める与党（自由民主党・公明党）による強行採決で可決・成立してしまった。教育の基本理念にかかわる重要法案を、強引に多数決で決めてしまうところに重大な問題点がある、といわなければならない。

　新法は、「新しい時代にふさわしい教育基本法」というが、どこがいったい新しいというのか。特に「教育の目標」を定めた2条は、多くの徳目をならべ立てて、子どもたちに教え込もうというものである。また16条（教育行政）及び17条（教育振興基本計画）の規定内容は、国家万能主義の主張を展開しており、教育勅語の時代に逆戻りするかのごとくである。これは、むしろ「19世紀」にこそふさわしい内容のものではないのか。

　「新しい」というからには、人権の世紀とすべき21世紀にふさわしく国際的な人権保障の動向に沿って、せめて国際人権規約（1966年）や子どもの権利条

第3節　今日（現代）の教育政策　　91

表1　新教育基本法の成立に至る主な動向一覧　　　　　　　　　　作成・浪本勝年

年 月 日	2006教育基本法の成立に至る主な動向
2000. 3.24	小渕恵三首相、教育改革国民会議（内閣総理大臣決裁、私的諮問機関）を設置（委員27人→9.22「中間報告」→12.22）
2000.12.22	教育改革国民会議、森喜朗首相に「報告」（教育を変える17の提案）を提出し、政府が教育基本法の見直しに取り組むことが必要と強調→2001.1.25→2001.11.26）
2001. 1.25	文部科学省、「21世紀教育新生プラン」発表（教育基本法の見直しについては、中央教育審議会に諮問し取組を進める→11.26）
11.26	遠山敦子文部科学大臣、中央教育審議会（中教審）に「新しい時代にふさわしい教育基本法の在り方について」諮問
2002. 5.10	中教審・基本問題部会、教育基本法について審議を開始
11.14	中教審、「新しい時代にふさわしい教育基本法と教育振興基本計画の在り方について」（中間報告）を公表
2003. 3.20	中教審、「新しい時代にふさわしい教育基本法と教育振興基本計画の在り方について」答申
5.12	与党（自由民主党・公明党・保守新党）の教育基本法に関する協議会（与党協議会）、初会合（→6.12与党協議会の下に与党教育基本法に関する検討会〈保利耕輔座長、与党検討会〉を設置）
2004. 1. 9	与党協議会、「教育基本法に関する論点整理」（座長メモ）公表（与党協議会及び与党検討会の名称に「改正」を加える）
6.16	与党改正協議会、「教育基本法に盛り込むべき項目と内容について」（中間報告）公表
2005. 1.26	与党、教育基本法改正案の通常国会提出見送りを決定
5.11	文部科学省、教育基本法改正の「仮要綱案」を与党改正検討会に提示
2006. 2.23	与党改正検討会、「愛国心」の表記について「国と郷土を愛する」とする座長案で合意
4.13	与党改正協議会、「教育基本法に盛り込むべき項目と内容について」（最終報告）公表
4.28	小泉内閣、教育基本法案（前文、18条及び附則3項で構成）を閣議決定し国会に提出（1947教育基本法の全部改正案→12.22）
5.11	衆議院本会議、教育基本法に関する特別委員会（委員45人）の設置を議決
5.16	小坂憲次文部科学大臣、衆議院本会議で教育基本法改正案の趣旨説明、教育基本法特別委員会で提案理由説明を行う
5.23	民主党、日本国教育基本法案（前文、21条及び附則5条で構成）を国会に提出（1947教育基本法は廃止する案。→廃案）
10.10	安倍内閣、教育再生会議の設置を閣議決定（有識者17人）
11.15	衆院教育基本法特別委、野党欠席のまま強行採決
11.16	衆院本会議、野党欠席のまま強行採決
11.17	参院本会議、特別委員会設置、趣旨説明、質疑
11.22	参院教育基本法特別委一般質疑開始
12.14	参院教育基本法特別委、審議を打ち切り採決
12.15	参院本会議、採決（可決、成立）
12.22	教育基本法公布・施行（1947教育基本法全部改正）

約（1989年）の精神を積極的に取り込んだものとすべきである。旧法を「改正」する教育的で説得力ある合理的な理由などは説明されていない。

　教育と法の関係を考える際に、1947教育基本法の立案当時に文部大臣（1946〜1947）を務めた田中耕太郎が、その後の1952年、次のように主張している。傾聴すべき一文である。

　　「(旧) 教育基本法が教育の目的（及び同じく教育学の範囲に属する教育の方針）に立ち入って規定するという異例を犯さざるを得なかった理由は、上述のごとき従来における我が国固有な事情（引用者注、教育勅語の存在）に起因しているのである。これは変態的現象である。そうしてかような現象はこれを急速にとりのぞくことはできないにしても、これを拡張又は強化してはならない。」[1]

　新法は、愛国心等々の多くの徳目をならべ立てて「拡張又は強化」しているのである。これは、憲法違反といえるではなかろうか。

（2）　教育再生会議の問題点

　設置基盤の脆弱性　　安倍内閣が、2006年10月10日に設置した教育再生会議は、内閣におかれた会議で、諮問機関の一種といってよいであろう。同種の首相が開催する教育改革国民会議が設置（内閣総理大臣決裁）された2000年にも筆者は指摘したのであるが[2]、この教育再生会議の影響力を考える際に、教育再生会議の諮問機関としての歴史的位置（表2「戦後日本における教育関係の主たる諮問機関の変遷」）及びその設置根拠を確認しておくことはきわめて重要である。そこで、教育再生会議設置の根拠である閣議決定「教育再生会議の設置について」（2006年10月10日）の全文を見ておこう。

注(1)　田中耕太郎「教育基本法第一条の性格—法と教育との関係の一考察—」『ジュリスト』1952年1月1日号、創刊号、6頁。
注(2)　浪本勝年「教育改革国民会議の正統性を問う」『世界』2000年11月号。

第3節　今日（現代）の教育政策　　93

表2　戦後日本における教育関係の主たる諮問機関の変遷　　　　　　　作成・浪本勝年

西暦年数	1946-49	1949-52	1952-	1984-87	1987-2000		2001-	2006-
諮問機関の名称	**教育刷新委員会**	**教育刷新審議会**	中央教育審議会	**臨時教育審議会**	中央教育審議会	**教育改革国民会議**	中央教育審議会	**教育再生会議**
					1987-2000（廃止）大学審議会			
					1990-2000（廃止）生涯学習審議会			

(注)1:ゴチック体は首相又は内閣直属の諮問機関、その他は文部大臣（2001以降は文部科学大臣）の諮問機関

　　2:教育刷新委員会は勅令、教育改革国民会議は内閣総理大臣決裁、教育再生会議は閣議決定、その他の審議会は法律に基づき設置。

　　3:各省庁に設置される審議会は、従前は法律に基づき設置されていたが、1983年のいわゆる「中曽根行革」以降は、基本的には政令で定めることになっている。

　　4:旧中央教育審議会（1952-2000）は、臨時教育審議会の設置期間中は活動を休止していた。新中央教育審議会（2001-）は、中央省庁の再編に伴う審議会の統廃合の影響を受け、従前の主たる教育関係審議会を内部に吸収する形で発足し、今日に至っている。

「1．趣旨

　　　21世紀の日本にふさわしい教育体制を構築し、教育の再生を図っていくため、教育の基本にさかのぼった改革を推進する必要がある。このため、内閣に「教育再生会議」（以下、「会議」という。）を設置する。

　2．構成

　(1)　会議は、内閣総理大臣、内閣官房長官及び文部科学大臣並びに有識者により構成し、内閣総理大臣が開催する。

　(2)　内閣総理大臣は、有識者の中から、会議の座長を依頼する。

　(3)　会議は、必要に応じ、関係者の出席を求めることができる。

　3．その他

　会議の庶務は、内閣官房教育再生会議担当室において処理する。」

　たしかに教育改革国民会議の設置根拠が「内閣総理大臣決裁」であったのに比較すれば、「閣議決定」というのは、それなりの重みのあるものである。しかし、その決定内容はというと、①設置の「趣旨」は、具体性のない抽象的な「教育の再生」というだけであり（設置期間は不明）、②会議の構成員（有識者、一般には有識者委員とか、単に委員と呼ばれている。）は何人とも決められていないし（実際には、政策当局好みの数字17？によって17人＋3人の20人）、その任期も不明であ

94　　第4章　教育政策の基本問題

る。そして③この会議が話し合いの結果公表するであろう一定の「報告」については何の根拠規定もないのである。

　ちなみに、教育基本法の「改正」を意図したもののその目的は達成できなかった中曽根康弘首相が設置した臨時教育審議会（1984～1987）は、法律に基づき設置されたものであり、その4回にわたる答申は、20年後の今日の教育にまで大きな影響を与えている。その臨時教育審議会及び教育改革国民会議とともに今回の教育再生会議の設置根拠の比較を一覧表（表3）にしてみよう。安倍首相が内閣の最重要課題の新法に基づく教育改革、教育再生というにしては、なんとも脆弱な教育再生会議の存在基盤が明らかになってくる。

　教育再生会議の「報告」の意味と役割　　教育再生会議（野依良治座長）は、2006年10月18日、鳴物入りで実質的にスタートした。内閣総理大臣、内閣官房長官及び文部科学大臣のほかに実質的にこの会議を構成する有識者として、ノーベル賞受賞者・野依良治氏ら17人が発令された。しかし日本の将来の教育について議論するこの教育再生会議のメンバーに教育学者は一人もいないのである。そして、良くも悪くも一匹狼の有識者が、教育について「自由に」議論しているようである。これでは、「迷走教育再生会議」（『読売新聞』2007年1月7日号）と評されるのもやむを得ないところである。

　当面する日本の教育課題である「いじめ」問題について、教育再生会議は、2006年11月29日、教育再生会議有識者委員一同と称し「いじめ問題への緊急提言—教育関係者、国民に向けて—」を発表した。しかし、この提言の性格は、すでに指摘したとおり、明確な根拠を持たないきわめてあいまいなものであり、言いっぱなし提言ともいうべきものにとどまっているようである。

　文部科学省などは、同様の提言をすでに2006年10月19日、「いじめの問題への取組の徹底について（通知）」として発しており、いまさら何をという構えのようである。

　第166回国会（常会）の開幕前日の2007年1月24日、教育再生会議は、「社会総がかりで教育再生を～公教育再生への第一歩～」と題する第一次報告を安倍首相に提出した（もっとも前述のとおり安倍首相もこの会議の一員である）。

第3節　今日（現代）の教育政策　　95

　この報告（報告とはいうものの、その法的根拠・性格はきわめてあいまいである。）は、「教育再生のための当面の取組」として「『ゆとり教育』を見直し、学力を向上する」などの七つの提言を行うとともに、体罰禁止通知の見直し、教員免許更新制導入、教育委員会改革、学習指導要領の改訂及び学校の責任体制の確立の四つの緊急対応を要求した。

　この報告を受けての中央教育審議会の緊急招集（同年2月6日）及びその緊急答申（3月10日）、第166回国会が後半に入ろうとする段階での閣議決定後の政府法案の提出（30日）、衆議院での文部科学委員会（常任委員会）ではなく「教育再生に関する特別委員会」を設置してのスピード審議による委員会（5月17日）及び本会議（18日）における与党のみによる可決、参議院に移ってからの文教科学委員会における会期末での与党による強行採決・可決（6月19日）及び本会議での与党賛成多数による採決・成立（20日）といった経過をたどっていわゆる教育三法が成立した。それは、①学校教育法、②地方教育行政の組織及び運営に関する法律及び③教育職員免許法等を改正するものである。異例ずくめの経過であり、教育についての重要法案を審議不十分のまま与党の多数で強引に決定していく手口は、安倍政権による教育への乱暴な支配・介入であった。この結果、学校教育の目標等の改正に伴う新学習指導要領の改訂公示（小学校の場合は2011年度より全面施行、中学校のそれは2012年度）が行われるとともに、教員免許状に更新制が導入され免許状更新講習が2009年度から実施されている。

　しかし、2009年8月30日施行の衆議院議員総選挙における憲政史上初めてとも言われる本格的な政権交代が実現し、約半世紀にわたる自民党政権が崩壊することとなった。そして民主党（鳩山由紀夫代表）を中心とする新政権が誕生することとなり、教員免許状更新制の廃止や教員養成6年制の方向が打ち出されたものの、2012年末に自民党が政権復帰し、第2次安倍晋三内閣の発足に伴い、教育政策は復古調のものに回帰しつつある。　　　　　　　　　[浪本勝年]

　（注）　本稿は、拙稿「2006教育基本法と教育再生会議の問題点」『教育と医学』（2007年3月号、645号）に若干の加除修正を加えたものである。

96　　第 4 章　教育政策の基本問題

臨時教育審議会設置法（1984年）並びに教育改革国民会議開催要領（2000年）及び教育再生会議設置要領（2006年）の内容等の比較一覧　　作成・浪本勝年

設置根拠	臨時教育審議会設置法	教育改革国民会議の開催について	教育再生会議の設置について
国会提出	1984.3.27	2000.3.24 内閣総理大臣決裁	2006.10.10 閣議決定
審議開始	1984.4.25 （8.7可決成立、8.8公布、法65）		
目的及び設置	（目的及び設置） 第 1 条　社会の変化及び文化の発展に対応する教育の実現の緊要性にかんがみ、教育基本法（昭和22年法律第25号）の精神にのっとり、その実現を期して各般にわたる施策につき必要な改革を図ることにより、同法に規定する教育の目的の達成に資するため、総理府に、臨時教育審議会（以下「審議会」という。）を置く。	（趣旨） 21世紀の日本を担う創造性の高い人材の育成を目指し、教育の基本に遡って幅広く今後の教育のあり方について検討するため、内閣総理大臣が有識者の参集を求め、教育改革国民会議（以下「国民会議」という。）を開催することとする。	（趣旨） 21世紀の日本にふさわしい教育体制を構築し、教育の再生を図っていくため、教育の基本にさかのぼった改革を推進する必要がある。このため、内閣に「教育再生会議」（以下、「会議」という。）を設置する。
所掌事務	（所掌事務） 第 2 条　審議会は、内閣総理大臣の諮問に応じ、教育及びこれに関連する分野に係る諸施策に関し、広く、かつ、総合的に検討を加え、必要な改革を図るための方策に関する基本事項について調査審議する。 2　審議会は、前項に規定する事項に関して、内閣総理大臣に意見を述べることができる。		
答申等の尊重	（答申等の尊重） 第 3 条　内閣総理大臣は、前条第 1 項の諮問に対する答申又は同条第 2 項の意見を受けたときは、これを尊重しなければならない。		
組織・委員	（組織） 第 4 条　審議会は、委員25人以内で組織する。 （委員） 第 5 条　委員は、人格識見共に優れた者のうちから、文部大臣の意見を聴いて、内閣総理大臣が任命する。 2　委員は、非常勤とする。	（開催要領） 1　国民会議は、別紙に掲げる有識者により構成し、内閣総理大臣が開催する。 2　国民会議には、必要に応じ、関係者の出席を求めることができる。	（構成） （1）会議は、内閣総理大臣、内閣官房長官及び文部科学大臣並びに有識者により構成し、内閣総理大臣が開催する。 （3）会議は、必要に応じ、関係者の出席を求めることができる。
会長及び副会長	（会長） 第 6 条　審議会に、会長を置き、委員のうちから、内閣総理大臣が指名する。 2　会長は会務を総理し、審議会を代表する。 3　会長に事故があるときは、あらかじめその指名する委員が、その職務を代理する。	（座長） 内閣総理大臣は、有識者の中から、国民会議の座長を依頼する。	（構成） （2）内閣総理大臣は、有識者の中から、会議の座長を依頼する。
専門委員	（専門委員） 第 7 条　審議会に、専門の事項を調査審議させるため、専門委員を置くことができる。 2　専門委員は、学識経験のある者のうちから、文部大臣の意見を聴いて、内閣総理大臣が任命する。 3　専門委員は、当該専門の事項に関する調査審議が終了したときは解任されるもの。 4　専門委員は、非常勤とする。	（＊2000.4.25 企画委員会の設置について） （趣旨） 教育改革国民会議の運営について、座長を補佐し、助言するための組織として、企画委員会を設置する。 （構成） 座長、副座長 2、委員 3 の 6 名。	

第3節　今日（現代）の教育政策　　97

分科会		（＊2000.5.11「分科会構成案」及び「分科会の運営について」） 0 第一分科会・人間性、第二分科会・学校教育、第三分科会・創造性 1. 各分科会は7月初め頃までに4回程度ずつ開催することとするが、審議状況に応じ、弾力的に開催する。 2. 他の分科会への出席を希望する委員のため、各分科会の日程はすべての委員に連絡する。また、各分科会の審議概要はすべての委員に送付する。 3. 会議全体の運営については、座長、企画委員会と各分科会主査で調整し、全体的な議論が必要な場合には、必要に応じ全体会を開催する等、弾力的な運営を行う。	（＊2006.10.25「教育再生会議の分科会の設置及び分属について」） 第1分科会：学校再生分科会 第2分科会：規範意識・家族・地域教育再生分科会 第3分科会：教育再生分科会
資料の提出等の要求	（資料の提出等の要求） 第8条　審議会は、所掌事務を遂行するため必要があると認めるときは、国の関係各行政機関の長に対して、資料の提出、意見の開陳、説明その他の必要な協力を求めることができる。		
事　務　局	（事務局） 第9条　審議会の事務を処理させるため、審議会に、事務局を置く。 2　事務局に、事務局長のほか、所要の職員を置く。 3　事務局長は文部事務次官をもって充てる。 4　事務局長は会長の命を受けて、局務を掌理する。	（庶務） 国民会議の庶務は、内閣官房内閣内政審議室教育改革国民会議担当室において処理する。	（その他） 会議の庶務は、内閣官房教育再生会議担当室において処理する。
政令への委　任	（政令への委任） 第10条　この法律に定めるもののほか、審議会に関し必要な事項は、政令で定める。		
付　　則	附　則 （施行期日）　1　この法律は、公布の日から起算して一月を超えない範囲内において政令で定める日から施行する。ただし、第五条第一項中文部大臣の意見を聴くことに関する部分及び同条第二項の規定は、公布の日から施行する。 （特別職の職員の給与に関する法律の一部改正） 2　特別職の職員の給与に関する法律（昭和二十四年法律第二百五十二号）の一部を次のように改正する。 　第一条第十九号の八の次に次の一号を加える。 　十九の九　臨時教育審議会委員 （この法律の失効） 3　この法律は、附則第一項の政令で定める日から起算して三年を経過した日にその効力を失う。	（＊設置期間）不明（すでに事実上廃止？）	（＊設置期間）2008.2.26閣議決定「教育再生懇談会の開催について」により廃止

注　教育改革国民会議及び教育再生会議の欄の＊印の項目は、会議の進行をみながら、表の作成者が追加したものである。

第5章 教員養成の基本問題

第1節　開放制教員養成の出発とその後の展開

1　戦前への反省と批判

　戦後日本の学校教育が、天皇制絶対主義イデオロギーの注入に重要な役割を担った戦前の教育に対する根本的反省からスタートしたことは周知の通りである。戦後の教育的民主化への努力のなかで、そうしたイデオロギーを注入するうえでもっとも重要な役割を果たした教員養成制度が戦後教育改革の重要な柱のひとつとされたことはそのような意味できわめて当然のことといわねばならない。

　戦前日本の教員養成において決定的に欠如していたというよりもむしろそれを徹頭徹尾妨げていたものは、教師たらんとする者に教育内容の真実性に関してこれを吟味する力量を培うことであった。戦後日本の教員養成は、これを妨げていた問題を根本的に克服すべく一般教養と専門教養にかかわる研究・教育の統一を志向する一般大学においてこれを行うこととしたのである。すなわちその原則を開放制に求めたのである。

　いま、改めてこの点を力説しようとするのは、戦後教育改革の重要な柱をなした開放制原則に基づく教員養成制度が、20世紀末に相次いで行われた教育職員免許法及び同法施行規則改正のもとで、また今日のいわゆる「教員の資質の向上」という国民の素朴な願いに応えるという美名の下に展開されているさまざまな施策によって大きく揺らいでいるからである。この問題を正確に理解する上で、戦後日本の開放制教員養成制度がいかなる理念に基づいて出発することとなったのかを明らかにしておくことが不可欠である。

　戦前日本において、天皇制絶対主義イデオロギーの忠実な注入者たるべき教

第1節　開放制教員養成の出発とその後の展開　　99

員を養成するうえでその中心的な役割を果たしたものが師範学校における教員
養成制度であり、これを決定的にしたのが、ほかならぬ初代文部大臣森有禮
（1847〜1889）の教員養成政策であった。

　明治維新政府がめざした「富国強兵」を実現するもっとも重要な手段のひと
つとして教育を位置づけた森は、その教育にあたる教師の役割をきわめて重視
し、その養成に細心の注意を払ったのである。森は次のようにいっている。

　　　「抑師範学校ノ生徒ハ教育ノ僧侶ト云テ可ナルモノナリ、乃チ教育事業ヲ本尊
　　トシ、教育ニ楽シミ教育ニ苦シミ、一身ヲ挙ゲテ教育ト終始シ而シテ己ノ言行
　　ヲ以テ生徒ノ儀範トナルヘキモノナリ。」[1]

　上に見られるように、森は教師に対して聖職者的な使命感を持って教育にあ
たることを求めたのである。今日のわが国においてなお理想的な教師像とみな
され、その復活が素朴に期待されているところの「聖職者としての教師」像の
源はこのような森の教員養成政策に発するものであった。森は、これによって
天皇制絶対主義イデオロギーを確実に注入するための道具としての教師を養成
しようとしたのであった。その森の教師像は、次のような主張にきわめて端的
に示されているといってよい。

　　　「師範生徒タル者ハ自分ノ利益ヲ謀ルハ十ノ二三ニシテ其ノ七八ハ国家必要ノ
　　目的ヲ達スル道具即チ国家ノ為ニ犠牲ト為ル決心ヲ要ス。」[2]

　師範学校生徒が学ぶべきものは、卒業後の教壇においてただちに役立ち得る
知識や技術、すなわち森がいうところの「学力実用ヲ専ラ」[3]とするものであ
った。師範学校における教育の目的が「国家必要ノ目的」に限定され、教師を
国家が国民に強制するイデオロギーの確実な注入者としたがゆえに、教師にと
って教育の目的や内容に関する研究あるいは批判的考察を育む力は一切不要と

注（1）　森有禮「福井中學校において郡長及び常置委員に對する演説」明治20年11月26日（『森有禮全
　　　　集』第1巻、宣文堂、1972年、569頁。）
注（2）　森有禮「富山縣尋常師範學校において郡長及び常置委員に對する演説」明治20年11月31日
　　　　（前掲『森有禮全集』第1巻、563頁。）
注（3）　前掲『森有禮全集』第1巻、590頁。

100　　第5章　教員養成の基本問題

いうよりはむしろそのような能力を身につけることを厳格に妨げたのであった。

　したがって、師範学校の生徒は「己ノ嗜好ヲ以テ学科ヲ取捨スル能ハス」[4]とされ、履修科目選択の自由が厳しく制限され、履修内容についても彼らがやがてその教壇に立つことになる小学校におけるカリキュラムとの対応関係が強化されていくこととなった。

　「国家必要ノ目的ヲ達スル道具」とされた聖職者としての教員の養成を根本任務とする師範学校の目的は、科学的・批判的考察を加えることを可能にするための豊かな教養を育むことでは決してなかった。むしろそれは、国家目的の遂行機関としての師範学校本来の役割を逸脱する可能性をはらむがゆえに危険ですらあったのである。森が高等教育機関としての大学に教育、学問の一定の自由を認めた[5]のに対し、師範学校については学問及び教育の自由を徹底的に排除したのはそのような意味の下に理解されるのである。このような教育を受けた教師たちが、戦時中の天皇制ファシズムが強要する軍国主義的な教育に対して抵抗することはきわめて困難であったといわざるを得ない。

　戦後の教員養成制度改革は、まさにそうした戦前の教員養成制度に対する根本的反省のもとにスタートしたのである。

　『アメリカ教育使節団報告書』(*Report of the United States Education Mission to Japan*, 1946) は、「教師の最高の力量は、ただ自由な雰囲気においてのみ十分に現される」[6]として師範学校における厳格な管理主義教育の全面的改革の必要性を示唆した。教育刷新委員会 (1946〜1949年) の議を経て教員養成制度の再編・改革の方針が打ち出されたのも、すでに述べたように戦前における師範学校教育に対する根本的な反省に基づくものであった。

　これについては枚挙に暇がないが、たとえば同委員会における次のような指

注(4)　森有禮「愛知縣尋常師範学校において郡長及び縣會常置委員に對する演説」明治20年11月23日(前掲『森有禮全集』第1巻、596頁)。

注(5)　森有禮「帝国大學教官に對する演説」明治21年4月25日(前掲『森有禮全集』第1巻、616頁)。

注(6)　Report of the United States Education Mission to Japan, 1946. (Reprinted from a copy in the Collections of the Brooklyn Public Library, Reprinted in 1977, by Greenwood Press, p.4.)

摘は特に注目すべきものである。

> 「師範教育で一番いけないと思いますのは、この学校の先生になるにはこの程
> 度の教育をすればいいのだという風に、一つの型にはまった教育をしていると
> いうことであります。周囲から上の方に一つの限度を作っておる。……これが
> 指導力を非常に鈍らせるもとになるのではないかと思うのであります。……ど
> うしてもそれは撤廃しなければいかんと思うのであります。はじめから教員型
> として教育を出発するということがいけないのではないかと思うのでありま
> す。」[7]

　この批判は、師範学校教育の根本的欠陥を鋭く突くものであった。この欠陥
を克服する鍵を「すぐ実際の現場に立って働くような技術を持った人間をすぐ
作るというようなことではなく、出来るだけ一般的な教養を身につけることの
出来るような方向を取って居る大学」[8]における教育に求めたのである。

　それは教育内容についての真実性の吟味を許さず、「先生になるにはこの程
度の教育をすればいいのだ」として単なる教授法の習得をもってその教育が完
結するとした戦前の教員養成からの訣別を意味するものであった。

　教師の教育活動の本質が真実性の吟味をその根幹にすえた教育内容にかかわ
る研究を必然的にふくみ、その教育内容を子どもの発達に即して編成し、さら
にその内容の教授を通して子どもから得られた反応をふまえて教育内容を再検
討することに求められるとき、そうした批判はきわめて当然のことといわねば
ならない。すなわち、まさにそうした活動を行うことができる能力こそを教職
における専門性をなす不可欠の要素とし、こうした複雑にして高度な創造的活
動を展開し得る力を培う基盤をほかならぬ教養教育を土台とする大学教育に求
めたのである。

　こうしてわが国の教員養成は教職課程としての認定を受けた一般大学におい
てこれを行うとする開放制の原則の下に行われることとなったのである。そう

注（7）　「教育刷新委員会第七回総会会議事速記録」1946年、（日本近代教育史料研究会編『教育刷新委
　　　　員会・教育刷新審議会会議録』第一巻、岩波書店、1995年、140頁。）
注（8）　前掲、146頁。

102　　第5章　教員養成の基本問題

した教員養成の原則が、戦後日本の教育改革の根本原則たる民主主義の精神から導かれた教育における自立の思想に基づくものであったことはいうまでもない。それは教師と子どもにおける両者相互の信頼と尊敬をもって取り結ばれる教育的関係を基底として展開される創造的活動としての教育の展開を根底的に支えようとする思想を意味する。

　戦後日本の教員養成の原則として力説される開放制の意義は、まさにそうした教育活動の本質を踏まえて論じられて初めて理解されるといってよいであろう。　　　　　　　　　　　　　　　　　　　　　　　　　　　　　［岩本俊一］

2　開放制原則の確立とその後の空洞化

（1）　戦後日本の教員養成政策にみる原則とその意義

　戦前の、師範学校における教員養成独占化といった閉鎖的なシステムへの深い反省のもと、戦後の教員養成制度改革は、次の二つの原則に基づいて行われることとなった。それは「大学における教員養成」と「開放制教員免許制度」（以下、「開放制」という）である。後者にいう「開放制」とは、教育職員免許法（1949年公布、以下、教免法という）の規定に基づく教職課程を設置する大学であれば、そのいずれにおいても教員養成を行うことができるという制度を意味している。

　今日の日本の大学は、その存在がきわめて大衆的な位置づけによって理解されるようになってきている。国民生活水準の向上によって、この「大学世俗化」の観念が広く一般に浸透し、大学（大学院を含む）は国民教育体系に位置づけられた高等教育機関として、国民の生活と意識のなかに確実に根を下ろしてきたといえよう。

　別角度からこの「大学世俗化」を眺めると、大学間格差（ヨコの格差）の拡大、研究・教育条件の悪化、大学教育のレベル・ダウン、学生の進学目的の希薄さ、ペーパー資格者の増加といったさまざまな理由からそれを否定的にとらえることもできなくはない。しかし基本的に、大学と国民との結びつきを広く深くし

たという、教育の機会均等の観点からいっても、この世俗化はおおむね肯定的にとらえられるものである。

　高等教育機関としての大学は、日本国憲法23条の「学問の自由」の保障のもと、学術の中心として学問の発展・深化に責任を持ち、学問と教育の連動において、その実りを国民のものとし、ひいては「国民の育成」という教育の目的が全うされることを期待されている存在である。このような性格を持つ大学が、世俗化され、かつ教員養成の場として具体化したことは、まさに画期的なことであった。公教育の直接の担い手である教員を大学において養成することを企図した「開放制」の原則は、大学における学問研究の成果を国民教育体系に広く行き渡らせるための制度的なパイプ役となるものであって、それは大学が自身の責務の一端を有効に果たすためのきわめて重要な原理であるということができよう。

　豊かな人間性の育成を標榜する公教育の成果は、閉鎖的でない、自由かつ民主的な制度のもとで養成された教員の働きによって初めて獲得されるものである。このことから、教員が国民の人格形成に責任を持とうとするためには、教員自身が真摯に学問を修め、その人格を向上させていかなければならない。この見方が、「大学における教員養成」の本来的機能を成り立たせる根拠となっていることにわれわれはまず留意すべきである。その意味から、「大学における教員養成」及び「開放制」の理念は、国民の「教育を受ける権利」と「知的探求の自由」とを保障するという、戦後教育改革の基本理念とのかかわりにおいてスタートしたものであることが理解される。ゆえに「開放制」の原則は、「学問の自由」と「大学の自治」の保障に裏づけられた大学制度のもと、リベラル・アーツの方向性を尊重するものとして構想され、形成されたものであるということがおのずと知れてくるのである。

　これまで、「開放制」原則のもと、国立大学や教員養成系大学はもとより、教育学部を設置していない私立大学においても、教職課程を設置し、その履修を経て教員免許状を取得した学生を数多く社会に送り出してきた。教員免許状取得者がたとえ教職に従事しないにしても、彼らが「教育」の持つ価値やその

104 第5章 教員養成の基本問題

必要性を認識し、それぞれの職場ないし生活の場面でそれを重視する姿勢をとることに、開放制原則は大きく貢献してきたといっても過言ではない。

　（2）　開放制原則の空洞化の過程

　先に見た二つの原則の持つ意義を軽視するかのごとく、文部省（現 文部科学省）は、1953年の教免法改正以降、戦後教育改革の根幹であった「開放制」に順次、軌道修正のメスを入れ始める。

　いわゆる「完全開放制」を廃止し、教育職員養成審議会基準を満たす必要があるとする「課程認定制」へと教員養成制度のあり方を移行させたことが、ここにおいてとりわけ重要である。この課程認定制は、大学の与える単位を無条件に教員免許状取得に有効とみなすことを改めようというものである。文部省主導のこうした政策が、本来であれば大学側の主体的権限である教職課程カリキュラムの編成権を文部当局下へ移行させ、教員養成そのものを中央集権化してしまおうという意図のもとに行われたことはいうまでもない。この時点から、わが国の「大学における教員養成」と「開放制」という二つの教員養成原則が、次第に侵食されていくこととなる。

　こうした事態を受け、国立大学協会教員養成特別委員会は、1972年、「教員養成が大学で行われるということは、すなわち、それがより高次のレベルで行われるべきであるということを意味しており、大学に期待されるところは、単に教員水準の向上の問題のみならず、教育研究の自主と自由、大学における知的専門性の活用などとの関係において、国民に対し、積極的に大学としての責任を果たすべきことなのである」と言明したうえで、「大学としての主体性において教員養成にあたり、それぞれの大学の歴史と伝統にふさわしく、かつ地域住民の要求にこたえるよう、教員養成の基幹となるべき教育科学を発展せしめる責務が大学にはある」、との見解を表明している。このことから、大学関係者は、教員養成における開放制の維持を保障させようと、文部省に強く働きかけていたことがうかがえよう。

　1988年、教育職員養成審議会（教養審）の答申を受けて、文部省は教免法の

改正を行った。具体的な改正事項は、①免許状を「専修」(修士)、「一種」(学士)、「二種」(準学士) と種別化する、②教職専門教育科目の履修単位数を増加する、③免許状の在職15年による上進制度を廃止し、一定の単位取得を必要としたこと、④社会人活用の推進として、「教職特別課程」を開設したり、「特別免許状」や「特別非常勤講師」の制度を導入したりする、などが挙げられている。

　この改正の背後にある行政側の真意は、教員の資質を保持・向上させるという理念のもとにあって、その実、"行政寄りの教員"を多く輩出させることにあったと見ることもできよう。

　この事態に直面した全国私立大学教職課程研究連絡協議会は、1989年、文部大臣らに宛てた要望書を提出している。そこでの主張はおおむね次のようなものであった。「『大学における教員養成』の原則のもとでは、教員養成の内容・方法の開発と、教職課程の管理はともに、大学の自主的経営能力に委ねられるべきものであって、各大学の伝統的な建学の精神や、今日的な教育諸科学の研究成果を十分に反映させたうえで、教員養成の専門性を確立していく必要がある。」上述の国立大学関係者による指摘と同様、私立大学関係者においてもやはり、「大学における教員養成」の本来的意味である、大学側の主体性・自律性の維持を謙虚に訴えかけていることがここにうかがえる。

　しかしながら、こうした要望は文部省に入れられることなく、教免法は1998年に再改正されることになる。ここでは、教員の力量として教育現場の課題に適切に対応できる実践力を重視するというねらいのもと、①教員養成カリキュラムへの選択履修方式の導入、②教職に関する科目の単位増、③「総合演習」の新設、④生徒指導・教育相談分野へのカウンセリング要素の導入、⑤福祉・ボランティア体験の奨励、⑥「外国語コミュニケーション」、「情報機器の操作」の必修化、⑦教育実習期間の延長、などが具体的な改正項目となった。

　とりわけ、中学校免許状にかかわる教職に関する科目の大幅増に関しては、教員養成系大学・学部以外の一般大学に学ぶ学生の免許状取得を甚だ困難にさせる要因がそこにあるというほかない。こうした動向は、戦前の制度への真摯

なる反省的態度をもとに打ち立てられた「開放制」原則をある意味で放棄しようとするものであって、教員免許状取得者がかつての師範学校のごとく、教員養成系大学・学部出身者中心となり、ひいては教員養成に対する国の統制がいっそう強化される危険性をもはらむものであると解せられなくもない。

　また、改正の目的として、「使命感、得意分野、個性を持ち、いじめ・登校拒否などの現場の課題に適切に対応できる、力量ある教員の養成」といった意思表明が見受けられはするものの、この目的を達成するための具体的な必要内容の検討や、いじめ、不登校、校内暴力などに見られる学校現場の深刻な現状に関する詳しい分析が、これ以前の文部省をはじめとする各審議会において十分になされていた形跡はほとんど確認できない。さらにいえば、教員の資質の保持・向上を企図する上で、実習期間を延長するということが、現場の抱えるさまざまな問題を解決する必要不可欠な方策かどうか、また、一般大学で免許状を取得した教員に多くの問題が散見されるのかどうかといった議論について、世論的後押しがあったわけではなかった。付け加えて、この改正では、学校での社会人活用の促進と称して、教員免許状を有しない「特別非常勤講師」制度や、社会人に免許状を付与する「特別免許状」制度の枠組みを大幅に緩和し、こうした制度を無限定に全教科に拡大しようとしているが、このことに関しても、「大学における教員養成」の原則に照らして重大な問題が含まれているというべきであろう。

　　（3）　開放制原則を原点から問い直す

　「開放制」「閉鎖制」という二つの教員養成のあり方は、教員の資質・能力の形成を、「結果」の側から見るか、「目的」の側から見るかによってそれぞれにとらえられるものである。この意味から、前者では「結果」を、後者では「目的」を重要視していることがおのずと見えてこよう。簡単にいえば、"良い"教員というものが「結果」的に輩出されるのか、「目的」的に生み出されているのか、ということである。

　このことを念頭において日本の教員養成制度を俯瞰すると、教員養成を担う

大学への束縛、あるいは大学側も暗黙のうちに受容している了解事項というものがそこに潜在していることに気づく。そのひとつは、「目的養成」という理念のもと、既成の学校教育システムを前提とした教員養成組織が編成され、「大学における教員養成」という、本来あるべき大学側の主体的なあり方を空洞化させてしまっているという点にある。いい換えれば、教員養成組織を既存の「教科」ないし「科目」の枠組みでとらえ、学生、教員ともにその観念から抜け出せないでいるということである。教免法施行規則に拘束される教員養成カリキュラム（とりわけ「教職に関する科目」）における科目開設のあり方はその好例であるといってよい。二つ目は、主として教育実習演習の場面に見られる、学習指導案作成上の、「学習活動」「教師の支援・留意点」「評価」の各項目に対する“子どもの反応”の一様的な解釈とその指導の徹底である。そこには、「教えること」と「学ぶこと」という「教授—学習」の過程がきわめて安直にとらえられている感があり、学習目標の達成は、教材研究や授業形態の工夫ひとつで保障できるという、学習過程への短絡的発想があるように思われる。子どもたちの内面性や思考作用を一面化した上で、それを教員の側から可能な限りコントロールしようとすること、そしてそれこそが教員に求められる「実践的指導力」の本意であるとみなそうとする暗黙の了解が、教員養成カリキュラムのそこかしこに散在しているといわねばならない。

　近年、文部科学省が声高に主張するこの「実践的指導力」には、技術主義偏向のスタンスが如実に現れている。すなわち教員は、教育工学分野における授業技術の開発・進展に伴い、その技術的な側面の習得と応用を、行政側から半ば強要されていると見ることもできる。結果、個々の教員それぞれの賢慮的内省による、自身への実践批判も徐々にその必要がなくなっていき、単に行政側の求める“効果的な教育実践”のみを遂行することがその職務内容となってしまいかねない。昨今の「教職大学院」制度のあり方に関する論議を見ても、このことを助長させる要因が顕著に見て取れる。高度な技術を身につけていることが、必ずしも教員の資質を向上させるとは考えられない。行政側の要求する専門職性の強化が、教員の個性や自律性の発揮を阻み、彼らに画一的な教育観

108　　第 5 章　教員養成の基本問題

（指導観）を押し付けようとしていることはわれわれにとって憂慮すべき事態であるといわねばならない。

　2007 年 6 月の教免法改正により「教員免許状更新制度」が法制化されたが、これに対する現職教員及び講習実施主体である大学側の反応は一様に芳しくなく、制度の理念と実施内容との間に大きな隔たりがあることが指摘されたのは周知のとおりである。

　2009 年 8 月に誕生した民主党鳩山政権は、教員の資質確保の実現を「更新制」から、「教員養成 6 年制」（1 年程度の教育実習を含む）及び「専門免許状の創設」（現場経験 10 年の教員が大学院などで 1 年程度の研修を行う）へとシフトさせることで達しようとしている。しかし、「教職大学院」での修士課程 2 ヵ年を加えた計 6 ヵ年の教職課程を履修する学生の数は激減するものと見られ、教員の「質」と「量」の確保のバランスがきわめて大きな問題となってくることは想像に難くない。堅固な教員志望学生のみを養成対象とする教員養成のあり方は、ある意味では、その外形、内容ともに「師範学校化」「エリート主義化」していく恐れがある。その是非論は判断が分かれるところだが、「開放制」の前提を念頭に置いて考えれば、やはりそこには大きな疑問が生じてこよう。さらには、家庭の経済状況から「6 年間の学費を捻出できない」といった実情も浮かび上がってくることが予想され、教員養成における「経済格差」の顕現化の可能性も大いに考えられるのである。

　その後、2012 年に再び政権が自民党に復し、道徳の特別教科化や高校生の政治活動の参加容認など、もろもろの政治決定がいわば強引になされてきている。高校生の政治活動は、これまで休日や放課後を含む学校外についても「望ましくないと指導する」と制限してきたが、2015 年、選挙権年齢が 18 歳以上に引下げられたことを受け、学校外の政治活動について「生徒の主体的な判断で行う」ものと変更したのである。特に、高校 3 年生のうち有権者となる 18 歳以上が、特定の政党ないし候補者を応援する選挙運動を尊重したうえで、暴力的または学業に支障があると認められる場合には制限などの指導をすることになるのだという。これについて教員養成の立場でいえば、「政治」という新たな分

野を取り込む必要性が浮かび上がってきた形となり、教科の別を問わず、学生により充実した政治への知見をもたせるよう配慮していかなければならないことになる。「開放制」の根幹である私立大において、今後、教員養成カリキュラムの再編ないし内容の見直しが必要となり、それに対する厳格な評価をクリアできる程度の改変努力を行っていかねばならないだろう。

　「開放制」による教員養成制度は、幅広い分野から人材を求めることにより、教員組織を多様なものとし、活性化することが期待できるという意味で、教員の力量・能力の向上に積極的な意義を有するものである。しかしながら一方で、教員としての専門職性を、深い責任のもとに育成しているとは必ずしもいえない教職課程が存在することも否めず、教員免許状がいわば"希望すれば容易に取得できる"とみなされ、その社会的評価が低下してきていることもまた事実であるようだ。こうした「開放制」に対する誤った認識を、大学側が経営の観点から是認してしまうことのないよう反省することもまたここにおいて重要である。　　　　　　　　　　　　　　　　　　　　　　　　　　　[山口裕貴]

第2節　教員の「資質」向上を求めて

1　教員の力量とは

　近代学校制度の成立に伴い、学校の教員は専門的資格・免許が必要とされるのが一般的となった。日本では、戦後初期の全面的教育改革の下で、1949年に「教育職員の資質の保持と向上を図る」[1]ための教育職員免許法（以下は「教免法」）と教育公務員特例法（以下は「教特法」）が制定された。

　戦後の新しい教師像として、教員は「教育を通じて国民全体に奉仕する」（教特法1条）者として、「学問の自由」（日本国憲法23条、教育基本法2条）の保障の下に「真理と正義を希求し、…平和で民主的な国家及び社会の形成者」として（教育基本法前文・1条）、子どもの「自主及び自律の精神」の育成（同2条）、「人

注(1)　「教育職員免許法」1条(1949年5月31日に公布)。

110　　第5章　教員養成の基本問題

格の完成」(同1条)に努めなければならないとされた。そして、教免法は、教員は「各相当の免許状を有する者でなければならない」(教免法3条)とした。また、教免法の施行法の解説は「教育という事業は生成途上にある人間の直接的な育成であって単に知識技能を授ける」だけのものではなく、教員は「教育の対象である児童青年の生長と発達、その身体的心理的社会的発達について十分な理解をもち、常に全体としての人生の中に全体としての人間の育成を計画し、援助し指導を与えなければならない」[2]としている。このような規定や解説の内容に教員として必要な力量が示されていると考えられる。

　教免法は「教職の専門職性の確立」「大学における教員養成」「免許状授与の開放性」「免許状の法律主義」「現職教育の重視」などの基本理念を込めて制定された。これらの基本理念の下で教員の専門的力量の向上が求められている。

　教員の力量の向上には、学問的基礎の確立が大切である。教職の基礎となる学問の分野は、一般教養、教科の専門教養、教育に関する教職教養に分かれているが、各領域については広い学問的能力が必要とされる。そして教員の力量向上は、その養成・採用・研修の各過程を通じて行われるのである。

2　教員の「資質」向上を求めて──審議会答申・法改正を中心に

　戦後教育改革の理念は、1950年代の教育の「逆コース期」[3]に入り見直され始めた。そしてその中で、教員の「資質」向上策については、今日にかけて、中央教育審議会(以下は「中教審」)、教育職員養成審議会(以下は「教養審」)、臨時教育審議会(以下は「臨教審」)等により多くの答申が打ち出され、法改正へとつながった。

注(2)　玖村敏雄『教育職員免許法同法施行法解説(法律篇)』学芸図書、1949年、11〜12頁。
注(3)　戦後教育の「逆コース期」とは、1950年前後の極東情勢の急変(北朝鮮の成立、中国共産党革命の勝利、朝鮮戦争の勃発など)を背景に、「民主化」から「反共」へのアメリカ占領軍の対日政策の転換により、教師の「レッドパージ」(1949〜1950年)、「教委任命制」(1956年)、「教員の勤務評定の実施」(1958年)、「学習指導要領の官報告示」(1958年)などの「逆コース」が顕著になった時期のことである。

第2節　教員の「資質」向上を求めて　　111

（1）　1950年代から1970年代の教員の「資質」向上策

　戦後の教員養成の見直しは、1958年の中教審答申「教員養成制度の改善方策について」(1958.7.28.) により本格化された。この答申は「開放的制度に由来する免許基準の低下……その結果教員たらんとする者に対してもその職能意識はもとより教員に必要な学力、指導力すら十分に育成され得ない実情にある」と批判して、教員養成を「国の定める基準によって……」とし、教員養成を目的とする大学の設置を提言した。

　60年代の重要なものとして教養審建議「教員養成制度の改善について」(1962.11.12) が挙げられる。この建議も国の基準を強調し、養成制度の改善要件として、「国は教員の免許に関する基準を定める」「教育課程について国が基準を定める」と提案した。

　70年代初頭のものに、中教審答申「今後における学校教育の総合的な拡充整備のための基本的施策について」(1971.6.11.) がある。この答申は、国による教員養成大学の整備充実、教員養成大学における教員養成などの方針を打ち出した。さらに、78年の中教審答申「教員の資質能力の向上について」(1978.6.16.) は、「いわゆる開放制の原則を維持すべきであるが、……教育実習その他実際の指導力を養うための教育に不十分な面がみられる」と批判したうえで、「教育実習の充実」、「人材確保のための採用方法と決定時期の工夫」、「新任教員の教員としての自覚と実際的な指導力の向上」などの具体的方策を提言した。

　このように、50年代から70年代にかけての政策提言は、戦後教育改革の精神である「国民全体の奉仕者」「自主及び自律の精神」「教職の専門職性」などについては触れることなく、代わりに、教育課程及び教員免許における「国家基準の制定」「国による教員養成大学の整備充実」、これらを基盤とする「実際的な指導力の向上」などの政策が打ち出された。これらは、教員施策の基本を示したものとして、その後ほぼ着実に具体化されることとなった。

112　　第5章　教員養成の基本問題

（2）　1980年代から1990年代の教員の「資質」向上策

　80年代には、いじめや不登校など山積している教育問題は教員の指導力の欠如が一因だと考えられ、教員の「資質」向上策が加速された。それは「実践的な指導力の向上」を主眼とする「免許基準の引き上げ」と「修得単位数の増加」、「教員養成・研修の大学院修士課程への位置づけ」などであった（教養審答申「教員の養成及び免許制度の改善」(1983.11.22.)）。

　一方、政府直属の臨教審は、84年から87年の3年間に、計4次の答申を出し、そのうち3次にわたって教員の資質向上にかかわる改革を提言した。その主な内容として、第1次答申においては「養成・採用・研修・評価などを一体的に検討する」という改革の構想、また、第2次答申においては、社会人等のための特別課程の設置などの「教員免許制度の柔軟化」、社会人の活用を図るための「特別免許状制度の創設」、特に、新任教員に対する「初任者研修制度の創設」（新任教員の1年間研修の義務付け、条件附採用期間を6ヶ月から1年間に延長など）、現職教員の「現職研修の体系化」（一定年限ごとの研修制度の整備、顕彰制度の充実）[4]などを提言した。

　これらの提言の精神は87年の教養審答申「教員の資質能力の向上策等について」に受け継がれた。その中で教養審は「実践的指導力」（「使命感」「人間の成長・発達への深い理解」「教育的愛情」「専門的知識」「豊かな教養」を基盤とする）を教員の資質能力とし、その「資質」向上を図るための初任者研修制度の創設と現職研修の体系的整備を臨教審第2次答申についで提言した。

　そして、88年に「教育公務員特例法等一部改正法」（「初任者研修法」ともいわれる。1988.5.31.）が成立した。改正法は、新任教員の「任命権者による研修実施の義務付け」「条件附採用期間を6ヶ月から1年へと延長」、研修の実施は「任命権者に任命された指導教員の指導・助言による」などを制度化した。また、同じく88年に「教育職員免許法等一部改正法」（「新免許法」ともいわれる。

注(4)　臨教審第2次答申「教育の活性化とその信頼を高めるための方策」『臨教審総覧』上巻、1987年11月、第一法規出版、144頁。

第2節　教員の「資質」向上を求めて　113

1988.12.28.）も成立した。この法律も、「資質」向上を図るために、「普通免許状の種類の改善」（学歴に対応するための「専修、一種、二種」の３段階に改めること）、「社会人の学校教育への活用」（特別免許状の新設）、「実践的指導力」の向上を主とする「免許基準の引き上げ」などを制度化した。

　80年代は、実践的指導力を主眼とした「資質能力」が強調されていると同時に、「免許制度の柔軟化」「特別免許状制度の創設」などが提言されているが、教職の専門職性は強調されるどころか、むしろ弱められているように思われる。また、初任者研修制度の創設により、教員の「自主性・自律性」は一層弱められたのではないかとも思われる。

　90年代に入ると、冷戦体制崩壊後、国際化・情報化が進展する中、1996年に中教審[5]は、「ゆとり」の中で「生きる力」の育成と、教員の「実践的な指導力」の向上、さらに、教員採用時の「選考方法の多様化」「人物評価の重視」、「民間企業、社会教育施設、社会福祉施設等での長期にわたる体験的な研修の推進」などを提言した。一方、1998年に「教員としての適格性を欠く者」の人事上の措置、地方公務員法上の分限制度の的確な運用などの管理策も打ち出した（中教審答申「今後の教育行政の在り方について」（1998.9.））。

　また、97年～99年にかけて、教養審は教員の「資質」向上を掲げ、３次にわたる答申を打ち出した。第１次答申[6]は、まず教員の資質能力への認識を新たに「地球的視野」、「課題解決能力」「児童への理解、教職への愛情」「専門的知識、豊かな個性」などとしたうえで、「教職課程内容の改善」、社会人の活用促進などの「免許制度の弾力化」を打ち出し、１年後の第２次答申[7]は、「修士レベル」への現職教員の資質向上、そして、第３次答申[8]は、採用における

注（5）　中央教育審議会「21世紀を展望した我が国の教育の在り方について」（第１次答申、1996年7月19日）。

注（6）　教育職員養成審議会「新たな時代に向けた教員養成の改善方策について」（第１次答申、1997年7月28日）。

注（7）　教育職員養成審議会「修士課程を積極的に活用した教員養成の在り方について—現職教員の再教育の推進—」（第２次答申、1998年10月29日）。

注（8）　教育職員養成審議会「養成と採用・研修との連携の円滑化について」（第３次答申、1999年12月10日）。

114 第5章 教員養成の基本問題

「多面的な人物評価」「教員の自主的・主体的な研修活動の奨励・支援」「初任者研修の見直し」「教職経験者研修等の見直し」「社会体験研修の充実」「国が行う研修の精選・見直し」などを提言した。

そして、教免法は98年に新たに大幅に改正された。改正では、使命感、得意分野、個性を持つ力量ある教員の養成を目的に、教員養成カリキュラムにおける教職科目の重視と実践に関する単位数の増加、教員志願者の得意分野づくりの視点からの改善、学校教育への社会人の活用のための特別非常勤講師及び特別免許状制度に関する改善が図られた。

このように、90年代の「資質」向上策は、教員の自主的・主体的な研修活動を奨励する一方で、教員の人物評価や不適格教員の措置などを含むものも重視している。また特別免許状制度の改善は、幅広く人材を求めることができるようになった一方で、80年代に引き続き教員管理の強化や教職の専門職性の弱化へとつながるものであったともいわれている。

(3) 2000年代以降の教員の「資質」向上策

近年、教員の資質向上に関しては、新たな側面が現れるようになった。2000年には、「大学院修学休業制度」[9]が創設され、現職教員が専修免許状を取得する目的で身分を保有したまま大学院等において修学が可能となった。また2002年には、教員の「教科指導、生徒指導等についての専門性の向上や得意分野を伸ばす」[10]ための「10年経験者研修」も制度化された。その一方では、2001年の「地方教育行政の組織及び運営に関する法律の一部を改正する法律案」が成立したのをきっかけに、教員の勤務評価制度として、「指導力不足教員」の認定制度の創設、「新しい教員評価」制度の導入、優秀教員の表彰制度の実施なども始められた。

注(9)　大学院修学休業制度は2000年4月の教育公務員特例法の一部改正(26条、27条、28条)により2001年度から実施された。

注(10)　通知「10年経験者研修の具体的な内容・方法等」(平成14年8月8日文科初575事務次官)、『解説教育六法』三省堂、2004年、582頁。

第2節 教員の「資質」向上を求めて 115

　変化する学校教育の状況に対応するために、中教審は、2002年に「教員免許状の総合化・弾力化」「教員免許更新制の可能性の検討」「特別免許状制度の活用促進」の方策[11]を提言した。2006年には再び「教員免許更新制の導入」、「『教職大学院』制度の創設」を提言した[12]。

　2006年12月、約60年ぶりに教育基本法が全面的に改正された。それを受けて、早くも2007年3月に「学校教育法の改正」を始めとする教育3法の改正が提言[13]され、その同6月20日に教育3法案[14]が可決された。改正教育3法の要旨は、学校教育法においては、改正教育基本法の理念を踏まえた義務教育の目標の新設、学校評価及び情報提供の規定の新設、副校長・主幹教諭・指導教諭の新設などである。教育職員免許法等においては、教員免許更新制の導入、指導が不適切な教員の人事管理の厳格化などである。地方教育行政の組織及び運営に関する法律においては、教育における国、教育委員会、学校の責任の明確化などである。それに伴い、2008年に「新学習指導要領」「教育振興基本計画」が公表され、2009年度から教員免許更新制がスタートした。

　この時期の「資質」向上策では、「大学院修学休業制度」のような新しい視点の教員研修制度が創設されたが、「指導力不足教員」の認定制度の創設、「新しい教員評価」制度の導入、教員免許更新制の導入などに見られるように管理体制の強化も大きなポイントになっている。一方、「教職の専門職性」の保障は必ずしも十分とはいえない。教員の資質能力の出発点であるこの「教職の専門職性」の保障問題は、なお課題として残っている。

　その後、2012年に中教審答申「教職生活の全体を通じた教員の資質能力の総合的な向上方策について」は、教員養成の「修士レベル化」と「高度専門職人

注(11)　中教審答申「教員の免許制度の在り方について」(2002年2月21日)。
注(12)　中教審答申「今後の教員養成・免許制度の在り方について」(2006年7月11日)。
注(13)　中教審答申「教育基本法の改正を受けて緊急に必要とされる教育制度の改正について」(2007年3月10日)
注(14)　教育3法は「学校教育法等の一部を改正する法律」「地方教育行政の組織及び運営に関する法律の一部を改正する法律」及び「教育職員免許法及び教育公務員特例法の一部を改正する法律」を指す。

としての位置付け」を提案し、具体的に「一般免許状」（学部4年に加え、1〜2年程度の修士レベルの課程での学修を標準）、「基礎免許状」（学士課程修了レベル）、「専門免許状」（「学校経営」「生徒指導」「教科指導」等の特定分野に関し高い専門性を証明）の創設（いずれも仮称）までも想定した。だが、2012年12月の政権交代により、この提案は実現されないままでいる。

　一方、政権交代後、2014年に法律化された「教育委員長と教育長を一本化した新教育長の設置」「首長による教育に関する大綱の策定」等（「地方教育行政の組織及び運営に関する法律の一部を改正する法律」）は、教育に関する決定権をより行政側に集中させてしまうこととなった。このことが今後の教員政策にどんな影響をもたらすか注目される。

3　教員の力量向上をめざして——国際勧告の視点

　21世紀の今日は、知識基盤社会がめざされ、平和・人権・環境・持続可能な開発などの人類の課題を担う地球市民の形成が求められている。教師の役割は、1996年ユネスコ「教師の地位と役割に関する勧告」に明記されているように、学校のなかにおいてだけでなく、「市民性の育成と社会への積極的な統合を促進し、……集団における学習の援助者」、「地域社会の教育活動の調整者（coordinator）」、「様々なパートナーによって供せられる教育活動のまとめ役」としても期待されている。そのために「ふさわしい学問的・専門的能力を備えた教師を養成し、最も適格の青年を教職に惹きつけるため、教師の教育者のための知的挑戦プログラムの開発・提供」が求められている（同1.3.5項）。このような教員の力量向上策の方向性も今後の日本に示唆的である。　　　［臧　俐］

I　基本的資料

①　教育ニ関スル勅語〔教育勅語〕
（1890（明治23）年10月30日渙発）

朕惟フニ我カ皇祖皇宗國ヲ肇ムルコト宏遠ニ德ヲ樹ツルコト深厚ナリ我カ臣民克ク忠ニ克ク孝ニ億兆心ヲ一ニシテ世々厥ノ美ヲ濟セルハ此レ我カ國體ノ精華ニシテ教育ノ淵源亦實ニ此ニ存ス爾臣民父母ニ孝ニ兄弟ニ友ニ夫婦相和シ朋友相信シ恭儉己レヲ持シ博愛衆ニ及ホシ學ヲ修メ業ヲ習ヒ以テ智能ヲ啓發シ德器ヲ成就シ進テ公益ヲ廣メ世務ヲ開キ常ニ國憲ヲ重シ國法ニ遵ヒ一旦緩急アレハ義勇公ニ奉シ以テ天壤無窮ノ皇運ヲ扶翼スヘシ是ノ如キハ獨リ朕カ忠良ノ臣民タルノミナラス又以テ爾祖先ノ遺風ヲ顯彰スルニ足ラン

斯ノ道ハ實ニ我カ皇祖皇宗ノ遺訓ニシテ子孫臣民ノ俱ニ遵守スヘキ所ヲ之ヲ古今ニ通シテ謬ラス之ヲ中外ニ施シテ悖ラス朕爾臣民ト俱ニ拳々服膺シテ咸其德ヲ一ニセンコトヲ庶幾フ

　　明治23年10月30日　　　　　　　　　御名御璽

②　教育勅語等排除に関する決議
（1948年6月19日衆議院可決）

　民主平和国家として世界史的建設途上にあるわが国の現実は、その精神内容において未だ決定的な民主化を確認するを得ないのは遺憾である。これが徹底に最も緊要なことは教育基本法に則り、教育の革新と振興とをはかることにある。しかるに既に過去の文書となっている教育勅語並びに陸海軍軍人に賜わりたる勅諭その他の教育に関する諸詔勅が、今日もなお国民道徳の指導原理としての性格を持続しているかの如く誤解されるのは、従来の行政上の措置が不十分であったがためである。

　思うに、これらの詔勅の根本的理念が主権在君並びに神話的国体観に基いている事実は、明かに基本的人権を損い、且つ国際信義に対して疑点を残すもととなる。よって憲法第九十八条の本旨に従い、ここに衆議院は院議を以て、これらの詔勅を排除し、その指導原理的性格を認めないことを宣言する。政府は直ちにこれらの詔勅の謄本を回収し、排除の措置を完了すべきである。

　右決議する。

③　日本国憲法
（1946年11月3日公布、1947年5月3日施行）

第11条〔基本的人権の享有〕国民は、すべての基本的人権の享有を妨げられない。この憲法が国民に保障する基本的人権は、侵すことのできない永久の権利とし

て、現在及び将来の国民に与へられる。

第12条〔自由・権利の保持と責任〕この憲法が国民に保障する自由及び権利は、国民の不断の努力によって、これを保持しなければならない。又、国民は、これを濫用してはならないのであって、常に公共の福祉のためにこれを利用する責任を負ふ。

第13条〔個人の尊重、生命、自由及び幸福追求の権利と公共の福祉〕すべて国民は、個人として尊重される。生命、自由及び幸福追求に対する国民の権利については、公共の福祉に反しない限り、立法その他の国政の上で、最大の尊重を必要とする。

第14条〔法の下の平等〕すべて国民は、法の下に平等であって、人種、信条、性別、社会的身分又は門地により、政治的、経済的又は社会的関係において、差別されない。

第19条〔思想及び良心の自由〕思想及び良心の自由は、これを侵してはならない。

第21条〔集会・結社・表現の自由、検閲の禁止〕集会、結社及び言論、出版その他一切の表現の自由は、これを保障する。

2　検閲は、これをしてはならない。通信の秘密は、これを侵してはならない。

第23条〔学問の自由〕学問の自由は、これを保障する。

第25条〔生存権、国の社会保障的義務〕すべて国民は、健康で文化的な最低限度の生活を営む権利を有する。

2　国は、すべての生活部面について、社会福祉、社会保障及び公衆衛生の向上及び増進に努めなければならない。

第26条〔教育を受ける権利、義務教育の無償〕すべて国民は、法律の定めるところにより、その能力に応じて、ひとしく教育を受ける権利を有する。

2　すべて国民は、法律の定めるところにより、その保護する子女に普通教育を受けさせる義務を負ふ。義務教育は、これを無償とする。

第97条〔基本的人権の本質〕この憲法が日本国民に保障する基本的人権は、人類の多年にわたる自由獲得の努力の成果であって、これらの権利は、過去幾多の試練に堪へ、現在及び将来の国民に対し、侵すことのできない永久の権利として信託されたものである。

第98条〔最高法規、条約及び国際法規の遵守〕この憲法は、国の最高法規であって、その条規に反する法律、命令、詔勅及び国務に関するその他の行為の全部又は一部は、その効力を有しない。

2　日本国が締結した条約及び確立された国際法規は、これを誠実に遵守することを必要とする。

第99条〔憲法尊重擁護の義務〕天皇又は摂政及び国務大臣、国会議員、裁判官その他の公務員は、この憲法を尊重し擁護する義務を負ふ。

118　　I　基本的資料

④　教育基本法の比較対照表——現行2006年法と旧1947年法

教育基本法（2006年、法律120号、現行法）	教育基本法（1947年、法律25号、旧法）
前文 　我々日本国民は、たゆまぬ努力によって築いてきた民主的で文化的な国家を更に発展させるとともに、世界の平和と人類の福祉の向上に貢献することを願うものである。 　我々は、この理想を実現するため、個人の尊厳を重んじ、真理と正義を希求し、公共の精神を尊び、豊かな人間性と創造性を備えた人間の育成を期するとともに、伝統を継承し、新しい文化の創造を目指す教育を推進する。 　ここに、我々は、日本国憲法の精神にのっとり、我が国の未来を切り拓く教育の基本を確立し、その振興を図るため、この法律を制定する。	前文 　われらは、さきに、日本国憲法を確定し、民主的で文化的な国家を建設して、世界の平和と人類の福祉に貢献しようとする決意を示した。この理想の実現は、根本において教育の力にまつべきものである。 　われらは、個人の尊厳を重んじ、真理と平和を希求する人間の育成を期するとともに、普遍的にしてしかも個性ゆたかな文化の創造をめざす教育を普及徹底しなければならない。 　ここに、日本国憲法の精神に則り、教育の目的を明示して、新しい日本の教育の基本を確立するため、この法律を制定する。
第一章　教育の目的及び理念 （教育の目的） 第一条　教育は、人格の完成を目指し、平和で民主的な国家及び社会の形成者として必要な資質を備えた心身ともに健康な国民の育成を期して行われなければならない。 （教育の目標） 第二条　教育は、その目的を実現するため、学問の自由を尊重しつつ、次に掲げる目標を達成するよう行われるものとする。 　一　幅広い知識と教養を身に付け、真理を求める態度を養い、豊かな情操と道徳心を培うとともに、健やかな身体を養うこと。 　二　個人の価値を尊重して、その能力を伸ばし、創造性を培い、自主及び自律の精神を養うとともに、職業及び生活との関連を重視し、勤労を重んずる態度を養うこと。 　三　正義と責任、男女の平等、自他の敬愛と協力を重んずるとともに、公共の精神に基づき、主体的に社会の形成に参画し、その発展に寄与する態度を養うこと。 　四　生命を尊び、自然を大切にし、環境の保全に寄与する態度を養うこと。 　五　伝統と文化を尊重し、それらをはぐくんできた我が国と郷土を愛するとともに、他国を尊重し、国際社会の平和と発展に寄与する態度を養うこと。 （生涯学習の理念） 第三条　国民一人一人が、自己の人格を磨き、豊かな人生を送ることができるよう、その生涯にわたって、あらゆる機会に、あらゆる場所において学習することができ、その成果を適切に生かすことのできる社会の実現が図られなければならない。 （教育の機会均等） 第四条　すべて国民は、ひとしく、その能力に応じた教育を受ける機会を与えられなければならず、人種、信条、性別、社会的身分、経済的地位又は門地によって、教育上差別されない。 2　国及び地方公共団体は、障害のある者が、その障害の状態に応じ、十分な教育を受けられるよう、教育上必要な支援を講じなければならない。 3　国及び地方公共団体は、能力があるにもかかわらず、経済的理由によって修学が困難な者に対して、奨学の措置を講じなければならない。	第一条　（教育の目的）教育は、人格の完成をめざし、平和的な国家及び社会の形成者として、真理と正義を愛し、個人の価値をたっとび、勤労と責任を重んじ、自主的精神に充ちた心身ともに健康な国民の育成を期して行われなければならない。 第二条　（教育の方針）教育の目的は、あらゆる機会に、あらゆる場所において実現されなければならない。この目的を達成するためには、学問の自由を尊重し、実際生活に即し、自発的精神を養い、自他の敬愛と協力によって、文化の創造と発展に貢献するように努めなければならない。 第三条　（教育の機会均等）すべて国民は、ひとしく、その能力に応ずる教育を受ける機会を与えられなければならないものであって、人種、信条、性別、社会的身分、経済的地位又は門地によって、教育上差別されない。 2　国及び地方公共団体は、能力があるにもかかわらず、経済的理由によって修学困難な者に対して、奨学の方法を講じなければならない。
第二章　教育の実施に関する基本 （義務教育） 第五条　国民は、その保護する子に、別に法律で定めるところにより、普通教育を受けさせる義務を負う。 2　義務教育として行われる普通教育は、各個人の有する能力を伸ばしつつ社会において自立的に生きる基礎を培い、また、国家及び社会の形成者として必要とされる基本的な資質を養うことを目的として行われるものとする。 3　国及び地方公共団体は、義務教育の機会を保障し、その水準を確保するため、適切な役割分担及び相互の協力の下、その実施に責任を負う。 4　国又は地方公共団体の設置する学校における義務教育については、授業料を徴収しない。	第四条　（義務教育）国民は、その保護する子女に、九年の普通教育を受けさせる義務を負う。 2　国又は地方公共団体の設置する学校における義務教育については、授業料は、これを徴収しない。 第五条　（男女共学）男女は、互に敬重し、協力し合わなければならないものであって、教育上男女の共学は、認められなければならない。
（学校教育） 第六条　法律に定める学校は、公の性質を有するものであって、国、地方公共団体及び法律に定める法人のみが、これを設置することができる。 2　前項の学校においては、教育の目標が達成されるよう、教育を受ける者の心身の発達に応じて、体系的な教育が組織的に行われなければならない。この場合において、教育を受ける者が、学校生活を営む上で必要な規律を重んずるとともに、自ら進んで学習に取り組む意欲を高めることを重視して行われなければならない。	第六条　（学校教育）法律に定める学校は、公の性質をもつものであって、国又は地方公共団体の外、法律に定める法人のみが、これを設置することができる。 2　法律に定める学校の教員は、全体の奉仕者であって、自己の使命を自覚し、その職責の遂行に努めなければならない。このためには、教員の身分は、尊重され、その待遇の適正が、期せられなければならない。

（大学）
第七条　大学は、学術の中心として、高い教養と専門的能力を培うとともに、深く真理を探究して新たな知見を創造し、これらの成果を広く社会に提供することにより、社会の発展に寄与するものとする。
2　大学については、自主性、自律性その他の大学における教育及び研究の特性が尊重されなければならない。
（私立学校）
第八条　私立学校の有する公の性質及び学校教育において果たす重要な役割にかんがみ、国及び地方公共団体は、その自主性を尊重しつつ、助成その他の適当な方法によって私立学校教育の振興に努めなければならない。
（教員）
第九条　法律に定める学校の教員は、自己の崇高な使命を深く自覚し、絶えず研究と修養に励み、その職責の遂行に努めなければならない。
2　前項の教員については、その使命と職責の重要性にかんがみ、その身分は尊重され、待遇の適正が期せられるとともに、養成と研修の充実が図られなければならない。
（家庭教育）
第十条　父母その他の保護者は、子の教育について第一義的責任を有するものであって、生活のために必要な習慣を身に付けさせるとともに、自立心を育成し、心身の調和のとれた発達を図るよう努めるものとする。
2　国及び地方公共団体は、家庭教育の自主性を尊重しつつ、保護者に対する学習の機会及び情報の提供その他の家庭教育を支援するために必要な施策を講ずるよう努めなければならない。
（幼児期の教育）
第十一条　幼児期の教育は、生涯にわたる人格形成の基礎を培う重要なものであることにかんがみ、国及び地方公共団体は、幼児の健やかな成長に資する良好な環境の整備その他適当な方法によって、その振興に努めなければならない。
（社会教育）
第十二条　個人の要望や社会の要請にこたえ、社会において行われる教育は、国及び地方公共団体によって奨励されなければならない。
2　国及び地方公共団体は、図書館、博物館、公民館その他の社会教育施設の設置、学校の施設の利用、学習の機会及び情報の提供その他の適当な方法によって社会教育の振興に努めなければならない。
（学校、家庭及び地域住民等の相互の連携協力）
第十三条　学校、家庭及び地域住民その他の関係者は、教育におけるそれぞれの役割と責任を自覚するとともに、相互の連携及び協力に努めるものとする。
（政治教育）
第十四条　良識ある公民として必要な政治的教養は、教育上尊重されなければならない。
2　法律に定める学校は、特定の政党を支持し、又はこれに反対するための政治教育その他政治的活動をしてはならない。
（宗教教育）
第十五条　宗教に関する寛容の態度、宗教に関する一般的な教養及び宗教の社会生活における地位は、教育上尊重されなければならない。
2　国及び地方公共団体が設置する学校は、特定の宗教のための宗教教育その他宗教的活動をしてはならない。

第三章　教育行政
（教育行政）
第十六条　教育は、不当な支配に服することなく、この法律及び他の法律の定めるところにより行われるべきものであり、教育行政は、国と地方公共団体との適切な役割分担及び相互の協力の下、公正かつ適正に行われなければならない。
2　国は、全国的な教育の機会均等と教育水準の維持向上を図るため、教育に関する施策を総合的に策定し、実施しなければならない。
3　地方公共団体は、その地域における教育の振興を図るため、その実情に応じた教育に関する施策を策定し、実施しなければならない。
4　国及び地方公共団体は、教育が円滑かつ継続的に実施されるよう、必要な財政上の措置を講じなければならない。
（教育振興基本計画）
第十七条　政府は、教育の振興に関する施策の総合的かつ計画的な推進を図るため、教育の振興に関する施策についての基本的な方針及び講ずべき施策その他必要な事項について、基本的な計画を定め、これを国会に報告するとともに、公表しなければならない。
2　地方公共団体は、前項の計画を参酌し、その地域の実情に応じ、当該地方公共団体における教育の振興のための施策に関する基本的な計画を定めるよう努めなければならない。

第四章　法令の制定
第十八条　この法律に規定する諸条項を実施するため、必要な法令が制定されなければならない。

第七条（社会教育）家庭教育及び勤労の場所その他社会において行われる教育は、国及び地方公共団体によって奨励されなければならない。
2　国及び地方公共団体は、図書館、博物館、公民館等の施設の設置、学校の施設の利用その他適当な方法によって教育の目的の実現に努めなければならない。

第八条（政治教育）良識ある公民たるに必要な政治的教養は、教育上これを尊重しなければならない。
2　法律に定める学校は、特定の政党を支持し、又はこれに反対するための政治教育その他政治的活動をしてはならない。

第九条（宗教教育）宗教に関する寛容の態度及び宗教の社会生活における地位は、教育上これを尊重しなければならない。
2　国及び地方公共団体が設置する学校は、特定の宗教のための宗教教育その他宗教的活動をしてはならない。

第十条（教育行政）教育は、不当な支配に服することなく、国民全体に対し直接に責任を負って行われるべきものである。
2　教育行政は、この自覚のもとに、教育の目的を遂行するに必要な諸条件の整備確立を目標として行われなければならない。

第十一条（補則）この法律に掲げる諸条項を実施するために必要がある場合には、適当な法令が制定されなければならない。

120 　I　基本的資料

⑤　国連・児童の権利に関する条約
〔子どもの権利に関する条約〕
（1989年11月20日）国連総会採択

第12条〔意見表明権〕
1　締約国は、自己の意見を形成する能力のある児童がその児童に影響を及ぼすすべての事項について自由に自己の意見を表明する権利を確保する。この場合において、児童の意見は、その児童の年齢及び成熟度に従って相応に考慮されるものとする。
2　このため、児童は、特に、自己に影響を及ぼすあらゆる司法上及び行政上の手続において、国内法の手続規則に合致する方法により直接に又は代理人若しくは適当な団体を通じて聴取される機会を与えられる。

⑥　最高裁判所学力テスト大法廷判決
（1976年5月21日）

四　本件学力調査と教育法制（実質上の適法性）
　3　教基法一〇条の解釈
（前略）ところで、教基法は、その前文の示すように、憲法の精神にのっとり、民主的で文化的な国家を建設して世界の平和と人類の福祉に貢献するためには、教育が根本的重要性を有するとの認識の下に、個人の尊厳を重んじ、真理と平和を希求する人間の育成を期するとともに、普遍的で、しかも個性豊かな文化の創造をめざす教育が今後におけるわが国の教育の基本理念であるとしている。これは、戦前のわが国の教育が、国家による強い支配の下で形式的、画一的に流れ、時に軍国主義的又は極端な国家主義的傾向を帯びる面があったことに対する反省によるものであり、右の理念は、これを更に具体化した同法の各規定を解釈するにあたっても、強く念頭に置かれるべきものであることは、いうまでもない。（後略）

⑦　東京地方裁判所　国歌斉唱義務不存在確認等請求事件判決
（2006年9月21日）

判示事項の要旨
　都立高校の入学式、卒業式等の式典会場において、通達に基づく校長の職務命令により、教職員に対して国旗に向かって起立し、国歌を斉唱すること等を強制することは、思想・良心の自由を侵害するとして、国歌斉唱等の義務のないこと及び義務違反を理由とする処分の事前差止めを認めると共に、被告都に対し原告らの精神的損害に対する慰謝料の支払を命じた事案。

結論
　国旗・国歌法の制定・施行されている現行法下において、生徒に、日本人としての自覚を養い、国を愛する心を育てるとともに、将来、国際社会において尊敬され、信頼される日本人として成長させるために、国旗、国歌に対する正しい認識を持たせ、それらを尊重する態度を育てることは重要なことである。そして、学校における入学式、卒業式等の式典は、生徒に対し、学校生活に有意義な変化や折り目を付け厳粛で清新な気分を味わさせ新しい生活への動機付けを行い集団への所属感を深めさせる意味で貴重な機会というべきである。このような入学式、卒業式等の式典の意義、役割を考えるとき、これら式典において、国旗を掲げ国歌を斉唱することは有意義なものということができる。しかし、他方で、このような式典において、国旗、国歌に対し、宗教上の信仰に準ずる世界観、主義、主張に基づいて、国旗に向かって起立したくない教職員、国歌を斉唱したくない教職員、国歌のピアノ伴奏をしたくない教職員がいることもまた現実である。このような場合において、起立したくない教職員、斉唱したくない教職員、ピアノ伴奏したくない教職員に対し、懲戒処分をしてまで起立させ、斉唱等させることは、いわば、少数者の思想良心の自由を侵害し、行き過ぎた措置であると思料する次第である。国旗、国歌は、国民に対し強制するのではなく、自然のうちに国民の間に定着させるというのが国旗・国歌法の制度趣旨であり、学習指導要領の国旗・国歌条項の理念と考えられる。これら国旗・国歌法の制度趣旨等に照らすと、本件通達及びこれに基づく各校長の原告ら教職員に対する職務命令は違法であると判断した次第である。以上検討した結果によれば、原告らの請求は、主文第1項ないし第5項の限度で理由があるのでこれを容認し、その余は理由がないのでこれを棄却することとし、仮執行宣言の申立てについては不相当であるのでこれを付さないこととして、主文のとおり判決する。

I　基本的資料　　121

⑧　教育再生会議第一次報告「社会総がかりで教育再生を〜公教育再生への第一歩〜」

（2007年1月24日）

概要

7つの提言（初等中等教育を中心に）

教育内容の改革

1.「ゆとり教育」を見直し、学力を向上する

(1)「基礎学力強化プログラム」（学習指導要領改訂）

(2)全国学力調査を新たにスタート、学力の把握・向上に生かす

(3)伸びる子は伸ばし、理解に時間のかかる子には丁寧にきめ細かな指導を行う

2.学校を再生し、安心して学べる規律ある教室にする

(1)いじめと校内暴力を絶対に許さない学校をめざし、いじめられている子供を全力で守る

(2)いじめている子供や暴力を振るう子供には厳しく対処、その行為の愚かさを認識させる

(3)暴力など反社会的行動を繰り返す子供に対する毅然たる指導、静かに学習できる環境の構築（通知等の見直し）

3.すべての子供に規範を教え、社会人としての基本を徹底する

(1)社会人として最低限必要な決まりをきちんと教える

(2)父母を愛し、兄弟姉妹を愛し、友を愛そう

教員の質の向上

4.あらゆる手だてを総動員し、魅力的で尊敬できる先生を育てる

(1)社会の多様な分野から優れた人材を積極的かつ大量に採用する

(2)頑張っている教員を徹底的に支援し、頑張る教員をすべての子供の前に

(3)不適格教員は教壇に立たせない。教員養成・採用・研修・評価・分限の一体的改革

(4)真に意味のある教員免許更新制の導入（教育職員免許法の改正）

教育システムの改革

5.保護者や地域の信頼に真に応える学校にする

(1)学校を真に開かれたものにし、保護者、地域に説明責任を果たす

(2)学校の責任体制を確立し、校長を中心に教育に責任を持つ（学校教育法の改正）

(3)優れた民間人を校長などの管理職に、外部から登用する

6.教育委員会の在り方そのものを抜本的に問い直す（地方教育行政法の改正）

(1)教育委員会の問題解決能力が問われている。教育委員会は、地域の教育に全責任を負う機関として、その役割を認識し、透明度を高め、説明責任を果たしつつ、住民や議会による検証を受ける

(2)教育委員会は、いじめ、校内暴力など学校の問題発生に正面から向き合い、危機管理チームを設け、迅速に対応する

(3)文部科学省、都道府県教育委員会、市町村教育委員会、学校の役割分担と責任を明確にし、教育委員会の権限を見直す。学校教職員の人事について、広域人事を担保する制度と合わせて、市町村教育委員会に人事権を極力、委譲する

(4)当面、教育委員会のあるべき姿についての基準や指針を国で定めて公表するとともに、第三者機関による教育委員会の外部評価制度を導入する

(5)小規模市町村の教育委員会に対しては、広域的に事務を処理できるよう教育委員会の統廃合を進める

「社会総がかり」での全国民的な参画

7.「社会総がかり」で子供の教育にあたる

4つの緊急対応

(1)暴力など反社会的行動をとる子供に対する毅然たる指導のための法令等で出来ることの断行と、通知等の見直し（いじめ問題対応）

(2)教育職員免許法の改正（教員免許更新制導入）

(3)地方教育行政法の改正（教育委員会制度の抜本改革）

(4)学校教育法の改正（学習指導要領の改訂及び学校の責任体制の確立のため）

⑨　中央教育審議会「教育基本法の改正を受けて緊急に必要とされる教育制度の改正について（答申）」　　（2007年3月10日）抜粋

第Ⅱ部

1.教育基本法の改正を踏まえた新しい時代の学校の目的・目標の見直しや学校の組織運営体制の確

立方策等（学校教育法の改正）

(2)概要

①学校種の目的及び目標の見直し等

(i)義務教育の目標及び年限に関する事項

　教育基本法に義務教育の目的に関する規定（第5条第2項）が置かれたことを踏まえ、義務教育の目標に関する規定を新設すること。また、教育基本法改正により義務教育の年限は別の法律で定めると規定された（第5条第1項）ことに伴い、義務教育の年限を規定すること。

②学校の評価等に関する事項

　教育基本法に義務教育についての国及び地方公共団体の役割と責任（第5条第3項）、教育行政における国及び地方公共団体の役割と責任（第16条第2項及び第3項）並びに学校、家庭及び地域住民等の相互の連携協力（第13条）に関する規定が置かれたこと等を踏まえ、学校の裁量を拡大し自主性・自律性を高める上で、その取組の成果の検証が重要であることから、学校評価及びその前提となる情報提供の充実を図るために、以下のような規定を新設すること。

2. 質の高い優れた教員を確保するための教員免許更新制の導入及び指導が不適切な教員の人事管理の厳格化（教育職員免許法等の改正）

(1)基本的な考え方

①教員免許更新制の導入（教育職員免許法の改正）

○　教員をめぐる状況は時代の進展に応じて常に変化し続けており、その時々で求められる教員として必要な資質能力も、恒常的に変化しているものである。教員免許制度は、免許状を有する者の資質能力を一定水準以上に確保することを目的とする制度であり、恒常的に変化する教員として必要な資質能力を担保する制度として、再構築する必要がある。

3) 留意事項

①教員免許更新制の導入（教育職員免許法の改正）

○　教員免許更新制の導入に当たって、実効性のある制度とするためには、更新要件としている30時間程度の免許状更新講習の内容を充実したものとし、また、適切に修了の認定がなされることが重要である。そのためには、刷新すべき資質能力と講習内容を明示し、それが確実に身

に付いたかを適切に判定するための明確な認定基準や、同時に講習の受講免除に関する基準等が必要である。

　また、現場の教員の負担軽減の観点から、教員の生涯を通じた研修体制の見直し、講習の経費負担の在り方の検討等が求められる。これらについては、今後、更に検討していく必要がある。

3. 責任ある教育行政の実現のための教育委員会等の改革（地方教育行政の組織及び運営に関する法律の改正）

(2)概要

③教育における地方分権の推進

○　教育委員の数については、5人を原則としつつ、都道府県・市の教育委員会は6人以上、町村の教育委員会は3人以上とすることができるものとすること。また、保護者が必ず含まれるものとすること。

○　教育委員会の所掌事務のうち、文化（文化財保護を除く。）スポーツ（学校における体育を除く。）に関する事務は、地方公共団体の判断により、首長が担当できるものとすること。

○　県費負担教職員の人事に関し、都道府県教育委員会は、市町村教育委員会の意向をできるだけ尊重するとともに、同一市町村内における転任については、市町村教育委員会の意向に基づいて行うものとすること。

④教育における国の責任の果たし方

○　改正教育基本法において、「教育は法律に基づき行われるべきこと、教育行政は国と地方が相互に協力して行われるべきこと、特に義務教育については、国及び地方公共団体は、その実施に責任を負うこと」が定められた。この改正教育基本法の立法趣旨を踏まえ、地方公共団体の教育に関する事務が法令に明確に違反している場合や著しく不適正な場合には、国の法律上の責任を果たすことができるよう、以下を踏まえ、適切な仕組みを構築していくこと。

○　教育長について、事前に国が任命に関与する仕組み、例えば「任命承認制度」については、賛成意見はほとんどなく、当審議会として、これを採らないことが適当であると考える。

I 基本的資料 123

⑩中央教育審議会「道徳に係る教育課程の改善等について（答申）」 （2014年10月21日）抜粋

はじめに

道徳教育、とりわけ道徳の時間の指導の現状をめぐっては、これまでも様々な課題が繰り返し指摘され、その改善が強く求められている。教育再生実行会議の第一次提言を踏まえて設置された文部科学省「道徳教育の充実に関する懇談会」の報告（平成25年12月）では、道徳教育の改善・充実のための方策の一つとして、道徳の時間を、教育課程上「特別の教科道徳」（仮称）として位置付け、道徳教育の改善・充実を図ることが提言された。

本審議会は、文部科学大臣から平成26年2月に「道徳に係る教育課程の改善等について」諮問を受け、「道徳教育の充実に関する懇談会」の提言も踏まえつつ、審議を行ってきた。審議に当たっては、初等中等教育分科会教育課程部会の下に、道徳教育専門部会を新たに設け、有識者からのヒアリングや、審議のまとめ案に関する国民からの意見募集なども行いつつ、10回にわたり専門的な検討を行った。

今般、これまでの審議の成果を取りまとめ、答申として文部科学大臣に提出するものである。

答申にもあるとおり、道徳教育を通じて育成される道徳性は、「豊かな心」はもちろん、「確かな学力」や「健やかな体」の基盤ともなり、児童生徒一人一人の「生きる力」を根本で支えるものである。また、道徳教育は、個人のよりよい人生の実現はもとより、国家・社会の持続的発展にとっても極めて重要な意義をもっている。

我が国には、人々が道徳を重んじてきた伝統があり、また、現在も、諸外国から、日本人の道徳性の高さが評価され、敬意を表される機会も多い。我々は、こうした伝統や評価に自信と誇りをもちながらも、一方で道徳教育をめぐる現状の課題を真摯に受け止め、今後の時代を生きる子供たちのため、その改善に早急に取り組む必要がある。

今回の答申を踏まえ、文部科学省において、学校教育法施行規則の改正や学習指導要領の改訂をはじめとする制度改正や必要な条件整備が速やかに行われ、学校における道徳教育の抜本的な改善・充実が図られるとともに、学校と家庭や地域との連携・協力が強化され、社会全体で道徳教育に取り組む気運が高まることを願っている。

2　道徳に係る教育課程の改善方策

(1)　道徳の時間を「特別の教科 道徳」（仮称）として位置付ける

○道徳教育の重要性を踏まえ、その改善を図るため、学校教育法施行規則において、新たに「特別の教科」（仮称）という枠組みを設け、道徳の時間を「特別の教科道

徳」（仮称）として位置付ける。

○小・中学校の学習指導要領を見直し、現行の「第3章道徳」に代えて、適切な章立てをもって「特別の教科道徳」（仮称）についての記述を盛り込む。

○「特別の教科道徳」（仮称）の目標、内容等については、より体系的・構造的で、「特別の教科 道徳」（仮称）が、道徳教育全体の要として効果的に機能するものとなるよう見直す。

(2)目標を明確で理解しやすいものに改善する

○道徳教育も、「特別の教科道徳」（仮称）も、道徳に係る内面の向上やそれに基づく道徳的実践を求めるものであり、その目標は、最終的には「道徳性」の育成であることを前提としつつ、各々の役割と関連性を明確にした分かりやすい規定とする。

○道徳教育の目標については、現行の規定を整理し、簡潔な表現に改める。具体的には、道徳教育の目標は、児童生徒の道徳性を養うことであるという根本を明確にした上で、その育成に当たり、特に留意すべき具体的な事項を併せて示す。また、小学校、中学校のそれぞれの発達の段階に即した重点の示し方についても工夫する。

○「特別の教科道徳」（仮称）の目標については、例えば、様々な道徳的価値について自分との関わりも含めて理解し、それに基づいて内省し、多角的に考え、判断する能力、道徳的心情、道徳的行為を行うための意欲や態度を育てることなどを通じて、一人一人が生きる上で出会う様々な問題や課題を主体的に解決し、よりよく生きていくための資質・能力を培うこととして示す。

⑪中央教育審議会「子供の発達や学習者の意欲・能力等に応じた柔軟かつ効果的な教育システムの構築について（答申）」 （2014年12月22日）抜粋

はじめに

我が国においては、高齢者人口が増大する一方で生産年齢人口は減少し続けるなど、主要先進国でもまれに見る速さで少子高齢化が進んでいる。また、グローバル化の進展に伴う国際競争の激化や人、物、情報の国境を越えた流通が進んでいる。

こうした厳しい時代を生きる子供たちは、自らの手で自らの人生を切り拓くとともに、多様な価値観を受容し、共生していくことが求められる。このため、子供たちが十分な知識や技能を身に付け、十分な思考力や判断力、表現力を磨き、主体性をもって多様な人々と協働することができるよう、子供の能力や可能性を引き出すとともに自信を育む教育の実現が急務となっている。

本答申（案）では、そうした教育の実現に資するよう、学校制度を子供の発達や学習者の意欲・能力等に応じた

柔軟かつ効果的なものとすることで、制度的な選択肢を広げることを提言している。

　具体的には、まず、第1章で取り上げる小中一貫教育の制度化である。これは、一体的な組織体制の下、9年間一貫した系統的な教育課程を編成・実施し得る小中一貫教育学校（仮称）や、小中一貫教育学校（仮称）に準じて小中一貫した教育を施すことができる小学校・中学校の設置を可能とすることで、地域の実情や子供たちの実態に応じ、設置者の判断で、小・中学校段階の接続の円滑化を図ったり、柔軟な区切りを設定したりするなどの多様な教育実践を可能とするものである。

第1章　小中一貫教育の制度化及び総合的な推進方策について

第1節　小中一貫教育が取り組まれている背景

4　いわゆる「中1ギャップ」への対応

　各種調査によれば、いじめの認知件数、不登校児童生徒数、暴力行為の加害児童生徒数が中学校1年生になったときに大幅に増えるなど、児童が小学校から中学校への進学において、新しい環境での学習や生活に不適応を起こすいわゆる「中1ギャップ」が指摘されている。

　加えて、「授業の理解度」「学校の楽しさ」「教科や活動の時間の好き嫌い」について、中学生になると肯定的回答をする生徒の割合が下がる傾向にあることや、「学習上の悩み」として、「上手な勉強の仕方がわからない」と回答する児童生徒数が増える傾向が明らかになっている。

　しばしば、小・中学校は同一設置者が両校種を設置していることが多く、それらは連携して当然という声も聞かれるが、実際の小・中学校における教育活動の間には、中等教育段階を構成する学校種である中学校・高等学校間よりも大きな差がある。こうした違いは、必ずしもその全てが法令や学習指導要領等に規定されている事柄ではなく、長い歴史の中で文化として積み上げられてきた部分も大きい。

　小学校での指導と中学校での指導に発達段階に応じた独自性があることは当然であり、適度の段差が学校段階間に存在することの教育効果も大きいものと考えられる一方、これらの小・中学校間の教育活動の差異が、発達状況とのずれなどから過度なものとなる場合、いわゆる「中1ギャップ」の背景となり得ることが指摘されている。

【主な小・中学校段階間の差異】

①授業形態の違い（小学校：学級担任制／中学校：教科担任制）

②指導方法の違い（小学校：丁寧にきめ細かく指導、比較的活動型の学習が多い／中学校：小学校に比べてスピードが速い、講義形式の学習が多い）

③評価方法の違い（小学校：単元テスト中心、関心・意欲・態度が重視される傾向／中学校：定期考査中心、知識・技能が重視される傾向）

④生徒指導の手法の違い（中学校では思春期を迎える生徒を指導することもあり、小学校と比較して規則に基づいたより厳しい生徒指導がなされる傾向）

⑤部活動の有無（中学校から部活動が始まり、放課後のみならず休日の活動を行う機会も増えるなど、子供の生活が劇的に変化すること）

　このような児童生徒の状況に応じて、小学校から中学校への進学に際して、生徒が体験する段差に配慮し、その間の接続をより円滑なものとするために、小・中学校間での柔軟な教育課程の編成や学習指導の工夫を行う観点から小中一貫教育が取り組まれるようになっている。

第3節　小中一貫教育の制度化の意義

○小中一貫教育の制度化には以下のような意義がある。

・運用上の取組では小中一貫教育を効果的・継続的に実施していく上での一定の限界が存在するため、制度化により教育主体・教育活動・学校マネジメントの一貫性を確保した総合的かつ効果的な取組の実施が可能となる。

・設置者の判断で教育課程の特例を認め、柔軟な教育課程編成を可能とすることにより、地域の実態に対応した多様な取組の選択肢を提供する。

・小中一貫教育の制度の基盤が整備されることにより、国・県による支援の充実が行いやすくなる。

・人間関係の固定化や転出入への対応などの小中一貫教育に指摘されている課題について、制度化に伴い積極的な指導助言や好事例の普及を行うことなどにより、課題の速やかな解消に資する手立てが講じられるようにする。

第4節　小中一貫教育の制度設計の基本的方向性

○小中一貫教育の制度化の目的は、一体的な組織体制の下、9年間一貫した系統的な教育課程を編成することができる学校種を新たに設けるなどして、設置者が地域の実情を踏まえて小中一貫教育が有効と判断した場合に、円滑かつ効果的に導入できる環境を整えることである。これにより、小中一貫教育の優れた取組の全国展開と既存の小・中学校における小中連携の高度化が促進され、義務教育全体の質向上が期待される。

○小中一貫教育が各地域の主体的な取組によって多様な形で発展してきた経緯に鑑み、地域の実情に応じた柔軟な取組を可能とする必要があることから、下記の二つの形態を制度化すべきである。

①一人の校長の下、一つの教職員集団が9年間一貫した教育を行う新たな学校種を学校教育法に位置付ける（小中一貫教育学校（仮称））。

②独立した小・中学校が小中一貫教育学校（仮称）に準

じた形で一貫した教育を施すことができるようにする（小中一貫型小学校・中学校（仮称））。
○小中一貫型小学校・中学校（仮称）においては、9年間の教育目標の明確化、9年間一貫した教育課程の編成・実施とともに、これらを実現するための学校間の意思決定の調整システムの整備を要件として求めることが適当である。
○小中一貫教育学校（仮称）については、既存の小・中学校と同様に、市町村の学校設置義務の履行対象とするとともに、就学指定の対象とし、市町村立の場合、入学者選抜は実施しないこととすべきである。
○小中一貫教育学校（仮称）の小学校段階を終えた後、希望する場合には他の学校への転校が円滑に行えるよう配慮することも必要であり、小中一貫教育学校（仮称）の修業年限の9年間を小学校段階と中学校段階の二つの課程に区分し、6学年修了の翌年度から中学校等への入学を認めるべきである。
○小中一貫教育学校（仮称）においては、原則として小・中学校教員免許状を併有した教員を配置することとするが、当面は小学校教員免許状で小学校課程、中学校教員免許状で中学校課程を指導可能としつつ、免許状の併有を促進すべきである。
○小中一貫教育学校（仮称）及び小中一貫型小学校・中学校（仮称）においては、現行の小・中学校の学習指導要領に基づくことを基本とした上で、独自教科の設定、指導内容の入替え・移行など、一定の範囲で教育課程の特例を認めるべきである。
○小中一貫教育学校（仮称）及び小中一貫型小学校・中学校（仮称）においては、小・中学校学習指導要領における内容項目を全て取り扱う形で教育が行われるものであり、小・中学校とこれらの学校が併存することで義務教育の機会均等が果たされなくなる事態は想定されない。小中一貫教育を全域実施するか一部実施するかなど、導入の形態については、児童生徒の実態や地域・保護者のニーズを踏まえ、設置者が適切に判断すべきである。

⑫文部科学省初等中等教育局長「高等学校等における政治的教養の教育と高等学校等の生徒による政治的活動等について（通知）」 　　　　　　　　（2015年10月29日）

　日本国憲法の改正手続に関する法律の一部を改正する法律（平成26年法律第75号）により、施行後4年を経過した日（平成30年6月21日）以後にその期日がある国民投票から、国民投票の期日の翌日以前に18歳の誕生日を迎える者は、投票権を有することになりました。また、公職選挙法等の一部を改正する法律（平成27年法律第43号）（以下「改正法」という。）により、施行日（平成28年6月19日）後に初めて行われる国政選挙（衆議院議員

の総選挙又は参議院議員の通常選挙）の公示日以後にその期日を公示され又は告示される選挙から改正法が適用されることとなり、適用される選挙期日の翌日以前に18歳の誕生日を迎える等の公職選挙法（昭和25年法律第100号）第9条の各項に規定する要件を満たす者は、国政選挙及び地方選挙において選挙権を有し、同法第137条の2により、選挙運動を行うことが認められることとなりました。
　これらの法改正に伴い、今後は、高等学校、中等教育学校及び高等部を置く特別支援学校（以下「高等学校等」という。）にも、国民投票の投票権や選挙権を有する生徒が在籍することとなります。
　高等学校等においては、教育基本法（平成18年法律第120号）第14条第1項を踏まえ、これまでも平和で民主的な国家・社会の形成者を育成することを目的として政治的教養を育む教育（以下「政治的教養の教育」という。）を行ってきたところですが、改正法により選挙権年齢の引下げが行われたことなどを契機に、習得した知識を活用し、主体的な選択・判断を行い、他者と協働しながら様々な課題を解決していくという国家・社会の形成者としての資質や能力を育むことが、より一層求められます。このため、議会制民主主義など民主主義の意義、政策形成の仕組みや選挙の仕組みなどの政治や選挙の理解に加えて現実の具体的な政治的事象も取り扱い、生徒が国民投票の投票権や選挙権を有する者（以下「有権者」という。）として自らの判断で権利を行使することができるよう、具体的かつ実践的な指導を行うことが重要です。その際、法律にのっとった適切な選挙運動が行われるよう公職選挙法等に関する正しい知識についての指導も重要です。
　他方で、学校は、教育基本法第14条第2項に基づき、政治的中立性を確保することが求められるとともに、教員については、学校教育に対する国民の信頼を確保するため公正中立な立場が求められており、教員の言動が生徒に与える影響が極めて大きいことなどから法令に基づく制限などがあることに留意することが必要です。
　また、現実の具体的な政治的事象を扱いながら政治的教養の教育を行うことと、高等学校等の生徒が、実際に、特定の政党等に対する援助、助長や圧迫等になるような具体的な活動を行うことは、区別して考える必要があります。
　こうしたことを踏まえ、高等学校等における政治的教養の教育と高等学校等の生徒による政治的活動等についての留意事項等を、下記のとおり取りまとめましたので、通知します。
　また、このことについて、各都道府県教育委員会におかれては、所管の高等学校等及び域内の市区町村教育委員会に対して、各指定都市教育委員会におかれては、所

管の高等学校等に対して、各都道府県知事及び構造改革
特別区域法第12条第1項の認定を受けた地方公共団体の
長におかれては、所轄の高等学校等及び学校法人等に対
して、附属学校を置く各国立大学法人学長におかれては、
設置する附属高等学校等に対して、御周知くださるよう
お願いします。

なお、この通知の発出に伴い、昭和44年10月31日付け
文初高第483号「高等学校における政治的教養と政治的
活動について」は廃止します。

記

第1 高等学校等における政治的教養の教育

教育基本法第14条第1項には「良識ある公民として必
要な政治的教養は、教育上尊重されなければならない。」
とある。このことは、国家・社会の形成者として必要な
資質を養うことを目標とする学校教育においては、当然
要請されていることであり、日本国憲法の下における議
会制民主主義など民主主義を尊重し、推進しようとする
国民を育成するに当たって欠くことのできないものであ
ること。

また、この高等学校等における政治的教養の教育を行
うに当たっては、教育基本法第14条第2項において、「特
定の政党を支持し、又はこれに反対するための政治教育
その他政治的活動」は禁止されていることに留意するこ
とが必要であること。

第2 政治的教養の教育に関する指導上の留意事項

1. 政治的教養の教育は、学習指導要領に基づいて、校長
を中心に学校として指導のねらいを明確にし、系統的、
計画的な指導計画を立てて実施すること。また、教科に
おいては公民科での指導が中心となるが、総合的な学習
の時間や特別活動におけるホームルーム活動、生徒会活
動、学校行事なども活用して適切な指導を行うこと。

指導に当たっては、教員は個人的な主義主張を述べる
ことは避け、公正かつ中立な立場で生徒を指導すること。

2. 政治的教養の教育においては、議会制民主主義など民
主主義の意義とともに、選挙や投票が政策に及ぼす影響
などの政策形成の仕組みや選挙の具体的な投票方法など、
政治や選挙についての理解を重視すること。あわせて、
学校教育全体を通じて育むことが求められる、論理的思
考力、現実社会の諸課題について多面的・多角的に考察
し、公正に判断する力、現実社会の諸課題を見いだし、
協働的に追究し解決する力、公共的な事柄に自ら参画し
ようとする意欲や態度を身に付けさせること。

3. 指導に当たっては、学校が政治的中立性を確保しつつ、
現実の具体的な政治的事象も取り扱い、生徒が有権者と
して自らの判断で権利を行使することができるよう、よ
り一層具体的かつ実践的な指導を行うこと。

また、現実の具体的な政治的事象については、種々の
見解があり、一つの見解が絶対的に正しく、他のものは
誤りであると断定することは困難である。加えて、一般
に政治は意見や信念、利害の対立状況から発生するもの
である。そのため、生徒が自分の意見を持ちながら、異
なる意見や対立する意見を理解し、議論を交わすことを
通して、自分の意見を批判的に検討し、吟味していくこ
とが重要である。したがって、学校における政治的事象
の指導においては、一つの結論を出すよりも結論に至る
までの冷静で理性的な議論の過程が重要であることを理
解させること。

さらに、多様な見方や考え方のできる事柄、未確定な
事柄、現実の利害等の対立のある事柄等を取り上げる場
合には、生徒の考えや議論が深まるよう様々な見解を提
示することなどが重要であること。

その際、特定の事柄を強調しすぎたり、一面的な見解
を十分な配慮なく取り上げたりするなど、特定の見方や
考え方に偏った取扱いにより、生徒が主体的に考え、判
断することを妨げることのないよう留意すること。また、
補助教材の適切な取扱いに関し、同様の観点から発出さ
れた平成27年3月4日付け26文科初第1257号「学校にお
ける補助教材の適正な取扱いについて」にも留意するこ
と。

4. 生徒が有権者としての権利を円滑に行使することがで
きるよう、選挙管理委員会との連携などにより、具体的
な投票方法など実際の選挙の際に必要となる知識を得た
り、模擬選挙や模擬議会など現実の政治を素材とした実
践的な教育活動を通して理解を深めたりすることができ
るよう指導すること。

なお、多様な見解があることを生徒に理解させること
などにより、指導が全体として特定の政治上の主義若し
くは施策又は特定の政党や政治的団体等を支持し、又は
反対することとならないよう留意すること。

5. 教員は、公職選挙法第137条及び日本国憲法の改正手
続に関する法律（平成19年法律第51号）第103条第2項
においてその地位を利用した選挙運動及び国民投票運動
が禁止されており、また、その言動が生徒の人格形成に
与える影響が極めて大きいことに留意し、学校の内外を
問わずその地位を利用して特定の政治的立場に立って生
徒に接することのないよう、また不用意に地位を利用し
た結果とならないようにすること。

第3 高等学校等の生徒の政治的活動等

今回の法改正により、18歳以上の高等学校等の生徒は、
有権者として選挙権を有し、また、選挙運動を行うこと
などが認められることとなる。このような法改正は、未
来の我が国を担っていく世代である若い人々の意見を、
現在と未来の我が国の在り方を決める政治に反映させて
いくことが望ましいという意図に基づくものであり、今
後は、高等学校等の生徒が、国家・社会の形成に主体的
に参画していくことがより一層期待される。

I 基本的資料 127

他方で、1）学校は、教育基本法第14条第2項に基づき、政治的中立性を確保することが求められていること、2）高等学校等は、学校教育法（昭和22年法律第26号）第50条及び第51条並びに学習指導要領に定める目的・目標等を達成するべく生徒を教育する公的な施設であること、3）高等学校等の校長は、各学校の設置目的を達成するために必要な事項について、必要かつ合理的な範囲内で、在学する生徒を規律する包括的な権能を有するとされていることなどに鑑みると、高等学校等の生徒による政治的活動等は、無制限に認められるものではなく、必要かつ合理的な範囲内で制約を受けるものと解される。

これらを踏まえ、高等学校等は、生徒による選挙運動及び政治的活動について、以下の事項に十分留意する必要がある。

なお、地方自治法（昭和22年法律第67号）等の法律に基づき、公職選挙法中普通地方公共団体の選挙に関する規定が準用される住民投票において、投票運動を高等学校等の生徒が行う場合は、選挙運動に準じて指導等を行うこととし、日本国憲法の改正手続に関する法律第100条の2に規定する国民投票運動を高等学校等の生徒が行う場合は、政治的活動に準じて指導等を行うこととする。

【この通知の第3以下における用語の定義について】

「選挙運動」とは、特定の選挙について、特定の候補者の当選を目的として、投票を得又は得させるために直接又は間接に必要かつ有利な行為をすることをいい、有権者である生徒が行うものをいう。

「政治的活動」とは、特定の政治上の主義若しくは施策又は特定の政党や政治的団体等を支持し、又はこれに反対することを目的として行われる行為であって、その効果が特定の政治上の主義等の実現又は特定の政党等の活動に対する援助、助長、促進又は圧迫、干渉になるような行為をすることをいい、選挙運動を除く。

「投票運動」とは、特定の住民投票について、特定の投票結果となることを目的として、投票を得又は得させるために直接又は間接に必要かつ有利な行為をすることをいう。

1. 教科・科目等の授業のみならず、生徒会活動、部活動等の授業以外の教育活動も学校の教育活動の一環であり、生徒がその本来の目的を逸脱し、教育活動の場を利用して選挙運動や政治的活動を行うことについて、教育基本法第14条第2項に基づき政治的中立性が確保されるよう、高等学校等は、これを禁止することが必要であること。

2. 放課後や休日等であっても、学校の構内での選挙運動や政治的活動については、学校施設の物的管理の上での支障、他の生徒の日常的な学習活動等への支障、その他学校の政治的中立性の確保等の観点から教育を円滑に実施

する上での支障が生じないよう、高等学校等は、これを制限又は禁止することが必要であること。

3. 放課後や休日等に学校の構外で行われる生徒の選挙運動や政治的活動については、以下の点に留意すること。

（1）放課後や休日等に学校の構外で生徒が行う選挙運動や政治的活動については、違法なもの、暴力的なもの、違法若しくは暴力的な政治的活動等になるおそれが高いものと認められる場合には、高等学校等は、これを制限又は禁止することが必要であること。また、生徒が政治的活動等に熱中する余り、学業や生活などに支障があると認められる場合、他の生徒の学業や生活などに支障があると認められる場合、又は生徒間における政治的対立が生じるなどして学校教育の円滑な実施に支障があると認められる場合には、高等学校等は、生徒の政治的活動等について、これによる当該生徒や他の生徒の学業等への支障の状況に応じ、必要かつ合理的な範囲内で制限又は禁止することを含め、適切に指導を行うこと が求められること。

（2）改正法により選挙権年齢の引下げが行われ、満18歳以上の生徒が選挙運動をできるようになったことに伴い、高等学校等は、これを尊重することとなること。

その際、生徒が公職選挙法等の法令に違反することがないよう、高等学校等は、生徒に対し、選挙運動は18歳の誕生日の前日以降可能となることなど公職選挙法上特に気を付けるべき事項などについて周知すること。

（3）放課後や休日等に学校の構外で行われる選挙運動や政治的活動は、家庭の理解の下、生徒が判断し、行うものであること。

その際、生徒の政治的教養が適切に育まれるよう、学校・家庭・地域が十分連携することが望ましいこと。

第4　インターネットを利用した政治的活動等

インターネットを利用した選挙運動や政治的活動については、様々な意見・考え方についての情報発信や情報共有などの観点から利便性、有用性が認められる一方で、送られてきた選挙運動用の電子メールを他人に転送するなどの公職選挙法上認められていない選挙運動を生徒が行ってしまうといった問題が生じ得ることから、政治的教養の教育や高等学校等の生徒による政治的活動等に係る指導を行うに当たっては、こうしたインターネットの特性についても十分留意すること。

第5　家庭や地域の関係団体等との連携・協力

本通知の趣旨にのっとり、現実の政治を素材とした実践的な教育活動をより一層充実させるとともに、高等学校等の生徒による政治的活動等に関して指導するに当たっては、学校としての方針を保護者やPTA等に十分説明し、共有すること等を通じ、家庭や地域の関係団体等との連携・協力を図ること。

128

II 参考文献

全般的な参考資料

① 文部省内教育史編纂会『明治以降教育制度発達史』（全13巻）［初版］竜吟社、1938-9年
［重版］教育資料調査会、1965年

② 近代日本教育制度史料編纂会『近代日本教育制度史料』（全35巻）［初版］大日本雄弁会
講談社、1956-9年；講談社、1976-80年

③ 宮原誠一・丸木政臣・伊ヶ崎暁生・藤岡貞彦編『資料　日本現代教育史』（全4巻）三省
堂、1974年

④ 文部省『学制八十年史』大蔵省印刷局、1954年

⑤ 文部省『学制百年史』及び『学制百年史資料編』帝国地方行政学会、1972年

⑥ 『戦後日本の教育改革』（全10巻）東京大学出版会、1969-76年

⑦ 久保義三・米田俊彦・駒込武・児美川孝一郎編『現代教育史事典』東京書籍、2001年

⑧ 安彦忠彦ほか編『新版現代学校教育大事典』（全7巻）ぎょうせい、2002年

⑨ 日外アソシエーツ編集・発行『やさしく引ける判例総覧学校教育』紀伊国屋書店発売、
1993年

⑩ 文部科学省ホームページ＝ http://www.mext.go.jp

学習用の参考文献

1）第1章関連

⑪ 大田堯『教育とは何か』岩波新書、1990年

⑫ 横湯園子『アーベル指輪のおまじない登校拒否児とともに生きて』岩波書店、1992年

⑬ 堀尾輝久『地球時代の教養と学力学ぶとは、わかるとは』かもがわ出版、2005年

⑭ 寺崎弘昭・周禅鴻『教育の古層生を養う』㈶川崎市生涯学習財団かわさき市民アカデ
ミー出版部発行、シーエーピー出版株式会社発売、2006年

2）第2章関連

⑮ 斎藤喜博『授業』国土社、2006年

⑯ 森田洋司・清永賢二『いじめ教室の病い新訂版』金子書房、1994年

⑰ 佐伯胖『「わかる」ということの意味［新版]』岩波書店、1995年

⑱ 佐藤学『学校の挑戦学びの共同体を創る』小学館、2006年

3）第3章関連

⑲ 宮原誠一『社会教育論』国土社、1990年

⑳ ポール・ラングラン著、波多野完治訳『生涯教育入門』（第一部、第二部）（財）全日本
社会教育連合会、1989-90年

II 参考文献 129

㉑ 藤田秀雄編著『ユネスコ学習権宣言と基本的人権』教育史料出版会、2001年

㉒ 斎藤貴男『機会不平等』文春文庫、2004年

4）第4章関連

㉓ 教科書検定訴訟を支援する全国連絡会編『家永教科書裁判のすべて32年の運動とこれから』民衆社、1998年

㉔ 兼子仁・神田修編『資料中野区・教育委員準公選を知るために』エイデル研究所、1985年

㉕ 永井憲一・寺脇隆夫・喜多明人・荒巻重人編『［新解説］子どもの権利条約』日本評論社、2000年

㉖ 浪本勝年・三上昭彦編著『「改正」教育基本法を考える［改訂版］』北樹出版、2008年

5）第5章関連

㉗ 村井実訳『アメリカ教育使節団報告書』講談社学術文庫、1979年

㉘ 石川達三『人間の壁』（上・中・下巻）岩波現代文庫、2001年

㉙ 臨時教職員制度の改善を求める全国連絡会編著『教育に臨時はない教師の良心をかけて』フォーラム・A、2005年

㉚ 読売新聞教育取材班『教師力教育ルネサンス』中央公論新社、2006年

索　引

あ　行

愛国心 …………………………… 55, 91, 92
安倍内閣 …………………………… 91, 92
安倍能成（あべ　よししげ, 1883-1966）…… 73
天野貞祐（あまの　ていゆう, 1984-1980）
　……………………………………… 55, 75
アメリカ教育使節団報告書 …………… 73, 100
アリエス（Aries, P. 1914-1984）…………… 57
家永三郎（いえなが さぶろう, 1913-2002）… 78
生きる力 ……………………… 26, 49, 113
池田・ロバートソン会談 …………… 55, 74
いじめ …………… 24, 84, 94, 106, 112
一種（免許状）…………………………… 105
『一般教育学』……………………………… 21
意欲 ………………………………………… 40
ヴィゴツキー（Vygotsky, L. S. 1896-1934）… 57
ヴェルジェーリオ（Vergerio, P. P. 1370-1444）
　……………………………………………… 17
『うれうべき教科書の問題』………………… 78
エイジング ………………………………… 59
エバリュエーション ……………………… 42
『エミール』………………………………… 61
エラスムス（Erasumus, D. 1469?-1536）…… 17
エリクソン（Erikson, E. H. 1902-1994）…… 60
OECD 教育調査団 ………………………… 50
オートノミー ……………………………… 24
岡野清豪（おかの　きよたけ, 1890-1981）… 75
小渕恵三（おぶち　けいぞう, 1937-2000）
　…………………………… 51, 80, 90, 91

か　行

開放制教員養成制度（開放制）
　………… 98, 101～104, 106, 108, 109, 111
学習過程 …………………………………… 107
学習指導案 ………………………………… 107
学習指導要領
　…… 26, 27, 33, 35, 36, 38, 46, 50～54, 77
　——の法的拘束化 ……………………… 76
「学テ裁判」………………………………… 77

学問の自由 …………………………… 103, 109
学力 ………………………………………… 40
学力「格差」…………………………… 46～48
学力低下 ……………………………… 45～47
学力問題 …………………………………… 45
学科課程 …………………………………… 33
学校教育のかなめの時間 ………………… 51
学校教育法 …………………………… 35, 73
学校教育法施行規則 ………………… 35, 38
学校選択［制度］………………… 39, 80, 84
学校 ……………………………………… 39, 53
　——の公共性 …………………………… 39
　——の統廃合政策 ……………………… 84
勝田守一（かつた　しゅういち, 1908-1969）
　……………………………………… 40, 58
課程認定制 ………………………………… 104
カリキュラム ……………………………… 33
「官製道徳」教育 ………………………… 50
観点別学習 …………………………… 41, 48
カント（Kant, I. 1724-1804）…………… 16, 21
技術主義偏向 ……………………………… 107
義務教育諸学校の教科用図書の無償措置に関す
　る法律 …………………………………… 79
逆コース …………………………… 74, 110
キャッテル（Cattell, R. B. 1905-1998）……… 59
教育 ……………………………………… 11, 15
　——と宗教との分離 …………………… 72
　——における地方自治 ………………… 74
　——における平等 ……………………… 28
　——の機会均等 …………………… 28, 81
　——の本質 ……………………………… 34
　——の目的 ……………………………… 30
教育委員会法 ……………………………… 73
教育改革国民会議 …………… 51, 80, 92, 93
教育学 ……………………………………… 16
『教育学講義綱要』………………………… 22
教育課程 …………………………… 33, 36
教育基本法 …………… 48, 52, 54, 69, 72, 74
教育基本法全部改正 ……………………… 80
教育基本法 8 条 …………………………… 75

索　引　　131

教育基本法14条 …………………………… 87
教育行政の中央集権化 …………………… 76
教育公務員特例法 ……………… 73, 109
教育公務員特例法一部改正法 ………… 75
教育公務員特例法等一部改正法 ……… 112
教育再生会議 ……………………………… 92
教育刷新委員会（教刷委）……………… 73, 100
教育者 ……………………………………… 11
教育職員免許法（教免法）…… 73, 102, 109, 114
教育職員免許法（教免法）施行規則 ……… 107
教育職員免許法等一部改正法 ………… 112
教育職員養成審議会（教養審）…… 104, 110, 113
教育振興基本計画 ………………………… 80
教育水準の維持・向上 …………………… 28
教育選択 …………………………………… 80
教育的関係 ………………………………… 11
教育投資論 ………………………………… 24
教育ニ関スル勅語（教育勅語）………… 51, 72, 90
「教育の理念及び教育基本法に関すること」… 73
「教育の自由化」………………………… 80
教育バウチャー制度 ……………………… 81
教育評価 …………………………… 41, 48
教育立法の法律主義 ……………………… 73
教育老年学 ………………………………… 59
教育を受ける権利 ……………………… 103
『教育を変える17の提案』………………… 80
教員の資質［向上］
　　………… 16, 98, 105, 106, 110, 111, 114, 115
「教員の地位に関する勧告」……………… 79
教員免許［状］更新制［度］……… 108, 114, 115
教員養成制度 ……………………………… 98
教科指導 …………………………………… 33
教科書検定制度 …………………………… 78
「教師の地位と役割に関する勧告」……… 116
教職課程 …………………………… 101, 108
教職専門教育科目 ……………………… 105
教職特別課程 …………………………… 105
教職大学院 ………………………… 107, 115
競争原理 …………………………………… 81
勤務評定 …………………………………… 76
形式教授段階説 …………………………… 21
形式的な平等 ……………………………… 28
継続教育 …………………………………… 62
結果の平等 ………………………… 28, 29

結晶性知力 ………………………………… 59
現職研修 ………………………………… 112
憲法・教育基本法［体制］………… 30, 51, 67, 72
「公共」（仮称）…………………………… 86
公職選挙法等の一部を改正する法律 ……… 86
構造改革特別区域研究開発学校設置事業 …… 88
高等学校等における政治的教養の教育と高等学
　　校等の生徒による政治的活動等について
　　（通知）………………………………… 86
公民館 ……………………………………… 68
公民館運営審議会 ………………………… 66
公立学校 …………………………………… 82
国際人権規約 ……………………………… 90
国民総教育評論家の時代 ………………… 8
『心のノート』…………………………… 78
コース・オブ・スタディ ………………… 33
「個性重視」の原則 ……………………… 79
国歌・国旗 ………………………………… 77
「子どもから」（vom Kinde aus）……… 19
子ども観 …………………………………… 61
子どもの権利条約 ………………………… 90
子どもの発見 ……………………………… 57
５年制高等専門学校 ……………………… 75
コミュニティスクール …………………… 85
コメニウス（Comenius, J. A. 1592-1670）…… 17
コンドルセ（Condorcet, M. J. 1743-1794）…… 51

さ　行

最高裁学力テスト大法廷判決 …………… 77
サイモン（Simon, B. 1915-2002）……… 10
三多摩テーゼ ……………………………… 68
自主夜間中学校 …………………………… 70
自然の教育 ………………………………… 19
実践的指導力 …………………………… 107
指定管理者制度 …………………………… 63
シティズンシップ教育 ……………… 85, 87
児童憲章 …………………………………… 73
児童中心主義 ………………………… 10, 22
指導と評価の一体化 ……………………… 42
指導要録 …………………………………… 43
指導力不足教員 …………………… 114, 115
品川区 ………………………… 38, 85, 88, 89
「品川区小中一貫教育要領」……………… 88
師範学校 …………………………… 99, 102

132 索 引

市民科 ……………………………… 38, 87〜89
下伊那テーゼ ……………………………… 68
社会科 ………………………………… 53, 54
社会教育 …………………………… 69〜71
社会教育行政 ……………………… 69〜71
社会教育職員養成 ………………………… 71
社会教育法 ………………………………… 73
社会人活用 ……………………………… 106
社会統合 …………………………………… 82
習熟度別授業 ……………………………… 47
修身科 ……………………………………… 51
10年経験者研修 ………………………… 114
18歳選挙権 ………………………………… 49
住民自治 …………………………………… 67
生涯学習 …………………… 59, 61, 62, 70, 79
生涯教育 ……………………………… 59, 61, 62
生涯発達 ………………………… 60〜62, 71
消極教育 …………………………………… 19
小中一貫教育 ……………………………… 38
小中一貫特区 ……………………………… 88
職業教育 …………………………………… 70
初任者研修制度 ………………………… 79, 112
初任者研修法 …………………………… 112
私立学校法 ………………………………… 73
人格形成 ……………………………… 46, 48
人格の完成 ………………………………… 33
新学力観 ……………………………… 46, 48
新教育運動 ……………………………… 19, 22
新自由主義 ………………………………… 81
杉本判決 …………………………………… 78
ステップアップ学習 ……………………… 38
生活経験学習 ……………………………… 53
生活指導 …………………………………… 54
政治的教養の教育 ………………………… 86
聖職者としての教師 ……………………… 99
成人基礎教育 ……………………………… 70
成人教育 …………………………………… 62
青年期 ……………………………………… 58
政令改正諮問委員会 ……………………… 75
『世界図絵』 ………………………………… 17
絶対評価 ……………………………… 42, 48
1996年教育法［イギリス］ ……………… 87
戦後教育改革の基本理念 ……………… 103
全国一斉学力テスト ……………………… 76

全国私立大学教職課程研究連絡協議会 …… 105
専修（免許状） …………………………… 105
全体的人間の形成 ………………………… 54
［国民］全体の奉仕者 …………………… 111
選択履修方式 …………………………… 105
総合的な学習の時間 ……………………… 37
相対評価 ……………………………… 42, 43, 48

た 行

大学院修学休業制度 …………………… 114
大学における教員養成 ……… 102, 103, 107, 110
大学の自治 ……………………………… 103
『大教授学』 ………………………………… 17
態度 ………………………………………… 40
大日本帝国憲法 …………………………… 72
体罰 …………………………………… 13, 14
田中耕太郎（たなか こうたろう, 1890-1974）
………………………………………… 92
タブラ・ラサ ……………………………… 18
単線型学校体系 …………………………… 75
「小さな政府」論 …………………………… 81
地球市民 ………………………………… 116
知的探求の自由 ………………………… 103
地方教育行政の組織及び運営に関する法律（地
教行法） ……………………………… 35, 76
「チャーター・スクール」 ………………… 81
中央教育審議会（中教審）
……………………… 26, 51, 75, 86, 110, 113
中高年期 …………………………………… 59
「中等教育を全てのものに」 ……………… 31
勅令主義 …………………………………… 73
直観教授 …………………………………… 20
通知票 ……………………………………… 41
ディルタイ（Dilthey, W. 1833-1911） ……… 22
デュウイ（Dewey, J. 1859-1952）… 10, 22, 53, 54
道徳教育 ……………………………… 50, 51, 55
道徳的実践力 ……………………………… 55
道徳的人間の形成 ………………………… 52
陶冶性 ……………………… 11, 16, 21, 22
遠山敦子（とおやま あつこ, 1938-）…… 80, 91
特設「道徳」 ………………………… 50, 55
特別教育活動 ……………………………… 33
「特別の教科 道徳」 ……………………… 37
特別非常勤講師 ……………………… 105, 106, 114

索　引　　133

特別免許状 ……………………… 106, 112, 114

な　行

中曽根康弘（なかそね　やすひろ，1918-）
　…………………………………………… 79, 94
ナトルプ（Natorp, P. 1854-1924）…………… 22
南原繁（なんばら　しげる，1889-1974）……… 73
二種（免許状）……………………………… 105
「21世紀教育新生プラン」………………… 80
「24偏向教育の事例」……………………… 74
ニート …………………………………………… 70
日教組（日本教職員組合）……………… 74
日経連（日本経営者団体連盟）教育部会 …… 75
日本語科 ……………………………………… 38
日本国憲法 …………………………… 72, 74
能力主義的選別教育政策 ……………… 24
能力・適正に応じた教育 ……………… 28
『能力と発達と学習』……………………… 58

は　行

ハイ・タレント …………………………… 31
ハヴィガースト（Havighurst, R. J. 1900-1991）
　…………………………………………………… 60
発達教育学 …………………………………… 58
発達的観点 …………………………………… 61
発達の権利 …………………………………… 30
発展的学習 …………………………………… 30
PISA（生徒の学習到達度調査）………… 25
ピアジェ（Piaget, J. 1896-1980）…………… 57
表象の力学 …………………………………… 21
枚方テーゼ …………………………………… 68
フィンランド教育 ………………………… 47
福祉国家体制 ………………………………… 81
複線型学校体系 …………………………… 75
プラグマティズム ………………………… 53
フリーター …………………………………… 70
フリードマン（Friedman, M. 1912-2006）…… 81
ブルーナー（Bruner, J. S. 1915）…………… 57
フレーベル（Frobel, F. 1782-1852）………… 20
フロイド主義 ………………………………… 13
分析評定 ……………………………………… 43
閉鎖性 ………………………………………… 106
ペスタロッチ（Pestalozzi, J. H. 1746-1827）
　……………………………………… 19, 20, 22, 23

ヘルバルト（Herbart, J. H. 1776-1841）
　………………………………………… 16, 20-24
ヘルバット教育学 ……………………… 22, 24
法律主義→教育立法の法律主義，免許状の法律
　主義
堀尾輝久（ほりお　てるひさ，1933-）……… 58
堀薫夫（ほり　しげお，1955-）……………… 59
ホーン（Horn, J. L. 938-2006）……………… 59

ま　行

マッカーサー（Macarthur, D. 1880-1964）…… 55
民主的人格の形成 ………………………… 52
宗像誠也（むなかた　せいや，1908-1970）- 73, 76
免許状授与の開放性 ……………………… 110
免許状の法律主義 ………………………… 110
モイマン（Meumann, E. 1862-1915）………… 19
模擬議会 ……………………………………… 86
模擬選挙 ………………………………… 85, 86
目的養成 ……………………………………… 107
目標に準拠した［教育］評価 ………… 44, 48
ものづくり・デザイン科 ………………… 38
森有禮（もり　ありのり，1847-1889）… 10, 99
文部省設置法 ………………………………… 73

や・ら行

夜間中学校 …………………………………… 70
ゆとり教育 …………………………… 26, 27, 30
ユネスコ …………………………………… 62, 116
吉田茂（よしだ　しげる，1878-1967）……… 75
四大指令 ……………………………………… 72
ライシテの原則 …………………………… 51
ライフコース研究 ………………………… 60
ラッセル（Russell, B. 1872-1970）…………… 13
ラングラン（Lengrand, P. 1910-2003）……… 62
「ランジュヴァン・ワロン教育計画」………… 31
流動性知力 …………………………………… 59
臨時教育審議会（臨教審）……… 62, 79, 94, 110
臨時教育審議会第四次答申 ……………… 62
ルソー（Rousseau, J. J. 1712-1794）…… 18, 19
霊化社会 ……………………………………… 23
レビンソン（Levinson, D. T. 1920-1994）…… 60
連合国軍総司令部（GHQ）………………… 72
ロック（Locke, J. 1632-1704）………………… 18

現代日本の教育を考える―理念と現実［第3版］

2007年5月20日	初版第1刷発行
2010年4月1日	改訂版第1刷発行
2013年4月20日	改訂版第3刷発行
2016年4月1日	第3版第1刷発行

編著者　岩　本　俊　郎
　　　　浪　本　勝　年

発行者　木　村　哲　也

・定価はカバーに表示　　　印刷　富士見印刷／製本　川島製本

発行所　株式会社　北　樹　出　版

〒153-0061　東京都目黒区中目黒1-2-6
電話(03)3715-1525(代表)　FAX(03)5720-1488

©2016 Printed in Japan　　　ISBN 978-4-7793-0494-1
（落丁・乱丁の場合はお取り替えします）